一位父親
一百個老師

切斯特菲爾德　著

宮智美　編譯

如果光看書名，也許您會以為這只不過是一部親子教育的作品，但您可能會因此而與這部經典之作擦身而過……事實上，這是一部偉大的人生指導書。如何運用本書，或許會成為決定您往後人生的重要關鍵！本書能夠改變您的一生。在地球上，它擁有一千萬名以上的讀者。它是英國上流社會人士進身於成人世界，加入「紳士」階層的必讀本，更是修養與教養的勵志名著。

從小學到大學，您可能會遇到一百個老師。然而，最能夠教導自己孩子「如何生存」的人，就是──父親。

您可以回顧自己一生所走的路，看看自己從中得到了什麼？又失去了什麼？將這些寶貴的經驗與智慧傳承給子女，乃是為人父者的重責大任。直到孩子能夠踏出超越自己的新步伐時，你身為父親的角色才可暫時告一段落。

這部充滿各種「人生智慧」的書，對所有親子而言，堪稱最完美的「生存教科書」。以勵志的角度切入，你可以汲取你的父親也許沒有教導過你的訓誨，這對你的人生絕對有正面的意義。

換言之，《一位父親勝過一百個教師》是一部永不褪色的「人生指導書」！

PREFACE

切斯特菲爾德，一六九四年出生於英國，是著名的政治家兼文人。他畢業於康橋大學。由於仰慕法國的文化、教養與生活，大學畢業後，他曾遊學歐洲大陸，並在巴黎居住過一段很長的時間。一七一四年回到英國，開始了政治及外交生涯。一七二六年，他繼承爵位，進入上議院。一七二八年出使荷蘭。此後開始步入政壇，並於一七四五年任愛爾蘭總督，一七四六～一七四八年間身兼英國國務大臣。

一七三八年，切斯特菲爾德的兒子 6 歲時，他開始給兒子寫信。在這些書信中，他讚揚公正與謹慎的美德，教育孩子如何保持果敢而有禮的舉止。這種標準，對一個外交家而言，是極為合適的，同時對其他想在社會上出人頭地的人也極為合適。這些書信後來結集出版，命名為《一生的忠告——一位外交家爸爸給孩子的信》（即中文版的《一位父親勝過一百個老師》）。

這些書信風格簡潔優美、充滿了處世的精確以及睿智的建議與犀利的評論。直到現在「切斯特菲爾德式」

（Chesterfieldian）仍然表示溫文儒雅的意思。

　　另外，切斯特菲爾德也給他的教子寫過類似的書信（1761－70 年，1890 年出版）。切斯特菲爾德不但活躍於政界，是出色的演說家、也是優秀的文學家。他與法國哲學家伏爾泰一直保持書信聯繫，是斯威夫特（格列佛遊記的作者）和詩人波普的朋友。1746 年，由於聽力日益下降，而退出政界。

　　《一位父親勝過一百個老師》是一部教人如何富有教養，善於在社會上處世以獲得成就的傑作。它充滿了人生寶貴的經驗和智慧。廣大青少年可以從中懂得許多人生的道理，以及得到非常有益的啟示。書中有不少精辟的語言。如：教人如何珍惜光陰、極積上進、樹立良好的美德；如何恰當地對待享樂，樹立正確的人生觀和世界觀，如何交友才能受人歡迎，避免不應該犯的錯誤；如何讀書，如何講話，才會取得較好的效果等等。它是一部關於人生藝術的書，有理有據而不空談，體現了一位家長對孩子無微不至的關懷。

CONTENTS 目錄

CHAPTER 3　擁有這個「哲學」就能擁有工作和遊樂

CHAPTER 4   藉著閱讀，培養「對事物的不同看法」

CHAPTER 5　磨練能夠自我表現的判斷力與表現力

CHAPTER 7　建立能夠成為自身力量的「人際關係」

CHAPTER 8　「品格」能夠產生信用

CHAPTER 1

培養「好習慣」
的最重要時刻

教育就是把兒童最初的德行本能
培養成正當習慣的一種訓練。

——盧梭《愛彌兒》

沒有比「知道」卻「做不到」
更令人難過的事了

當許多人在一條路上徘徊不前時,他們不得不讓開一條
道路,讓那珍惜時間的人趕到前面去。——莎士比亞

希望你能夠知道時間的寶貴和使用法。雖然大家都會說「時
間很重要」,但老實說,我很少看到真正重視時間而且能充分使
用它的人。很多人都若無其事地浪費時間。關於重視寶貴時間的
格言有很多,但大部分的人都光說不練。

以往,歐洲各地處處設置了精巧的日晷,所以大家都對時間
深感興趣。每個人看了日晷,都知道巧妙使用時間很重要,也很
清楚時光一去不復返。

但光是了解這些訓誡還不夠,如果本身沒有能夠教導他人的
東西,就不算是真正知道時間的價值及使用法。

只要看你使用時間的方法,就知道你是否重視時間。而是否
真正了解時間的價值與使用法,將會使你的人生截然不同。

在今後長久一生中的一段時間——接下來的兩年內——我會
陸續和你探討一些問題。

希望你能夠趁著年輕,建立知識的基礎,否則以後的人生將
難以順遂地生存。知識會成為你老後的休息地與避難所。

▶ **要選擇「後悔」的人生，還是享受「利息」的一生**

　　我原本就打算退休之後要過著與書為伍的生活。現在，沒有任何人打擾我，我能夠真正地沉浸在閱讀之樂中。事實上，這是因為我在你這種年紀時就努力用功的緣故。如果當初再積極一點，也許現在就能夠得到更大的滿足感。總之，我終於能夠擺脫世俗，享受讀書之樂。

　　年輕時，我認為累積知識是件好事，但也沒有浪費掉玩樂的時間。遊樂能夠增添人生的色彩，使年輕人喜悅。年輕時代的我，也玩得很盡興。人對於自己不知道的事，都會抱持著探究的好奇之心。

　　我知道遊玩是怎麼一回事，所以沒有後悔。同樣地，我也不認為把時間放在工作上是一種浪費。只從外表看工作的人，或許會覺得這是很棒的事，自己也躍躍欲試。其實不然。這種事，只有當事人才能體會。

　　我兼顧工作和玩樂，讓身邊的人羨慕不已。我了解工作與遊玩的另一面，所以非但不後悔，反而深感慶幸。可是，我也有後悔，而且今後也會感到遺憾的事，那就是年輕時的怠惰與浪費的時光。

　　未來幾年，是你人生非常重要的時期。因此，我必須苦口婆心地告訴你，必須很有意義地利用這段期間。如果無所事事地浪費時間，則不僅無法累積知識，也會對人格的形成造成極負面的影響。反之，若能夠有意義地度過這段期間，就能夠得到很大的利息，連本帶利，收穫可觀。

　　這幾年，你要建立學問的基礎。一旦基礎穩固，往後隨時隨地都能夠累積自己追求的知識。書到用時方恨少。若是等到必要時才開始打基礎，就為時已晚了。

　　而且，年輕時不建立基礎，老後就會成為一個沒有魅力的人。我想，等到你出了社會之後，就不可能有太多時間可供讀書了。而且就算有時間，屆時你的身分也不一定是一個能夠專心閱讀的人了。

　　現在是你能夠不受任何人打擾而用功讀書的時間。就算讀書很煩，但這是必經之路。多努力一小時，就能更早一步到達目的地，建早獲得自由。至於是否能早日獲得自由，就要看你如何使用時間了。

2 世上沒有人會因為以往 「過度努力」而後悔

在你這種年紀，只要生活方面有所節制，就能夠保持健康的狀態。平常，也要讓身心和頭腦有效地得到休息。這對於接下來頭腦的運作有極大的影響。

要保持頭腦健康與靈活的狀態，則需要相當的訓練。你可以比較訓練過與未訓練過的頭惱。為了訓練自己的頭腦，要不惜付出一些努力。

當然，未經特別訓練，靠自然的力量，也可能造出天才。但那畢竟是少數又少數。所以，不要乾等待。天才再加上訓練，就能夠成為更偉大的人。

趁時間還充裕，務必多累積各種知識。不肯努力的人，就別想出人頭地。

請想想自己的立場：你並沒有可以出人頭地的地位與財產，我也不可能永遠成為你的支柱。在你出了社會之後，我可能已經退休了。

那麼，你要依賴什麼？除了自己的力量以外，沒有其他任何東西了。這是出人頭地的唯一之路。

有的人認為自己很優秀，只是懷才不遇罷了。其實不然。只有身處任何逆境都能夠努力不懈的人，才有機會獲得成功。

▶ 讓自己變大或變小的三大武器

我所謂的「優秀」，是指知識廣、擁有對事物的見識，以及態度得體的人。沒有見識的人，其人生必然過得很寂寞。

關於知識，一定要知道自己的目標是什麼，並好好地（利用這份企圖心）加以培養。

也許你會認為，態度是微不足道的因素。但是，要成為優秀的人，態度是一大關鍵。態度會讓你的知識與見識，更加輝煌或蒙上陰影，可以讓你輕易得到自己想要的東西，或讓你瞬間失去不想失去的東西。我們最引人注意的，不是知識或見識，而是個人所表現出來的態度。

我以前或今後寫信告訴你的事，你都要牢記在心。這些都是我累積長期的經驗所得到的智慧結晶，也是我對你關愛的證明。

你到現在為止，還無法用我對你著想的一半心情替自己想想到底該做些什麼，我不知道我的建議對你有何幫助。請你認耐一段時光，按照我的建議去做，總有一天，你會了解我的建議並非無稽之談。

CHAPTER 2

「器」小，事難成

想要理解所有的事，
只有把我們自己變成非常寬大，才有可能。

——斯塔爾夫人

「不付出努力」
無法成長為大樹

我想和你討論——何謂怠惰？

你也知道，我對你的關愛和母親對你的溫情不同。我不可能忽略孩子的缺點。相反地，我很清楚孩子的缺點。這是我身為父親的義務與特權。而努力改正我所指出的缺點，也是你身為兒子的義務與權利。

所幸，就我到目前為止的觀察，你在性格與頭腦方面完全沒有問題，只是有些怠惰、注意力散慢、不經心，好像在肉體與精神上都成為一個衰老的人——迎向這種人生的老人，不可能度過安穩的餘生——年輕人絕對不可以這麼做。

年輕人要努力、更陽光，要展現敏捷的行動，付出更大的耐性。古羅馬的凱撒大帝曾說：「不能產生結果的行動，就不算是行動。」

我不認為你是一個死氣沉沉的人。正因為你有活力，所以我希望你能更努力，帶給周遭的人快樂，比他人更出類拔萃、更光輝燦爛。換言之，我希望你成為一位值得尊敬的人。為此，你必須比他人更努力。否則，你必然無法受人尊敬。同樣，如果你沒有考慮到要如何讓他人快樂，你自己也快樂不起來。

任何人想要變成什麼樣子，就能夠變成什麼樣子。

只要有一般智慧，就能夠開發能力，培養集中力。只要肯努

力，想變成什麼樣的人，就能夠變成什麼樣的人。

　　將來你也是社會上的一分子，所以你現在必須努力學習有關世界動態、社會構造、本國與世界歷史，以及對你的未來有幫助的各種知識。擁有一般頭腦的人，只要平常多加努力，就能夠精通一切。不要否定自己的能力。知道自己應該做的事卻不去做，這就是怠惰。

➤ 缺乏「再加把勁」的欲念，就不會進步

　　怠惰的人對於任何事物，都不會付出努力，稍微遇到困難，就覺得很麻煩（一般而言，值得去體會、領悟的事物，都會面臨一些困難與麻煩），容易灰心喪志，半途而廢。他們對於輕鬆得到的表面知識感到滿足，認為要付出忍耐與努力的事，都顯得愚蠢、無意義。

　　這樣的人即使面對一些普通的事，也會說：「辦不到！」事實上，只要認真去做，很多事情都能夠完成。對怠惰的人來說，「困難就等於辦不到」，只會拼命為自己的怠惰找藉口。

　　就算是要求他們集中心力一小時在某件事，他們也會感到萬分痛苦。他們凡事都只會從表面加以解釋，而不會從各種角度進行思考。這樣的人一旦和深具洞察力與集中力的人談話，立刻就會因為自己的無知與怠惰而遭人白眼，只能夠做出一些莫名其妙的回答。

　　因此，在一開始遇到困難、麻煩的事時，不要沮喪，反而要發憤圖強。要告訴自己，想要成為一位成熟的大人，自己就要徹底了解別人都知道的事。

➤ 擁有專門的「常識」很重要

就知識而言，有些人需要擁有特定的知識，另一些人則不需要具備這方面的知識。例如天文學，只要勤於詢問，就能夠得到這方面的知識，亦即只要擁有表面的一般知識即可。

但是，任何職業的人，除了他的專業知識，他必須了解的共通點，你也要徹底了解。像擁有外文、歷史、地理、經濟學的基本常識，以及在人生中的生存智慧等，就是屬於這類的知識。想要得到這些知識，就要付出努力。但是，這些並非你必須傾全力去獲得的知識，只要付出些許努力，就能夠得到回報。

我不希望你使用愚蠢之人的口頭禪：「這件事辦不到！」在精神與肉體上，你並沒有「辦不到」的事。

說「自己無法長時間集中心力在一件事物上」的人，就表示他是個笨蛋、無能之輩。

別人都能做到的事，你卻說「辦不到」，難道你不認為這是一件愚蠢而且可恥的事嗎？

2　忽略「小事」，
將會付出可怕的代價

　　有些人，一年到頭都在忙些無聊的事，不知道什麼事重要、什麼事不重要。將時間與勞力浪費在做一些無聊的事情上，這種人不論見到誰或與誰交談，都只在意外表，忽略個人的人格。就算是觀賞戲劇，看到的也不是內容，而是外表的形式。不論政治、政策，都只拘泥於形式。

　　但是，有時候這些小事如果不去做，就無法博得他人的好感、使他人得到快樂。這就好比一個傑出的人為了得到知識、見識與優秀的態度，必須努力去學習任何小事一樣。只要認為值得一試，就要努力去完成。想要順利完成這些事，首先就要去注意這些事。

　　例如，舞蹈或服裝等看起來是小事，但你也必須善加注意。有些場合，年輕人需要懂得舞蹈。因此，你要以嚴肅的心情學習舞蹈，不要嗤之以鼻，認為它與自己的未來無關。服裝也一樣。人都要穿衣服。為此，你必須學習正確的穿衣法。

▶ 「心不在焉」的人，能有何作為？

　　通常，注意力散漫的人多半頭腦比較不聰明或心不在焉。和這些人在一起，不會覺得快樂。他們在各方面的表現都不盡合理。例如，昨天還和你相當親密的人，今天卻形同陌路；大家都

在熱烈交談，他卻沒有加入談話的行列，或是任意打岔。這就證明他並沒有將精神集中在眼前正在討論的事物上，否則，就是他內心正在想著其他什麼重要的大事。

自從地球誕生至今，的確出現許多像牛頓那樣的天才。就算周遭的人在做其他事情，他們也會集中精神在自己的思考上。這是值得原諒的。但是，沒有得到這種豁免權的一般人絕不可心不在焉，否則將遭到同伴的排斥。

和注意力散漫的人在一起，會讓人感到不愉快。這就好像對方在侮辱自己一般。任何人都不允許自己受到侮辱。如果面前出現的是你尊敬或所愛的人，你會注意力不集中嗎？當然不會。換言之，只要對方是值得注意的人，你一定會集中精神去注意他。所以，在任何場合，都要避免讓對方認為你不注意他。

我也一樣。只有在面對死人時，我才會心不在焉。不過，死人不會嘲笑人。所以，在我面前發呆的人，我敢斷言他一定是不注意我的人。

就算這種行為可以原諒，然而，精神容易散漫的人，能夠觀察到和他在一起的人的人格、態度與生活習慣嗎？我想，這應該是辦不到的。就算這些人一生中身邊圍繞著傑出的人，（當然是指對面能夠接受他的態度。不過，我認為這不可能。）自己最後也將一無所獲。不知道自己現在該做什麼、不注意別人做什麼事的人，無法得到好的工作，也無法成為好的談話對象。

▶ 注意力散漫的悲喜劇

我為了教育你，不惜花費金錢。我想，你也了解這一點。但是，我並不打算成為你所僱用的提醒者。關於提醒者，你在斯威

夫特所寫的《格列佛遊記》中應該也看過了。

在這本遊記中，有經常沉溺在思慮中的哲學家。這些人如果沒有提醒者去接觸他們的發聲器官或聽覺器官，根本就聽不到別人說話，自己也不說話。那些生活富裕的有錢人就可能僱用僕人擔任提醒者的角色。

主人們一旦缺少提醒者，就無法出門，也無法拜訪鄰居，更無法散步。因為過於熱中思索，所以在遇到危險時，如果沒有提醒者輕觸他們的眼瞼，給予通知，他們可能會一腳踩空，掉落懸崖，或頭撞柱子；即使走在路上，也可能碰撞到別人，或一頭闖進了狗屋。

當然，我不是說你就像小人國的那些哲學家一樣，沉浸在深遠的思慮中而注意力散慢。但是，我希望你不要完全忽略周遭的事，必須靠著提醒者提醒你。

3 「壞事」可原諒，「侮辱」絕不可原諒

雖然不需要依賴提醒者，但是，你對於周遭的人實在不夠注意。因為你把他們當成傻瓜。我有好幾次都想告訴你，在社會上，把別人當成傻瓜的人，是最欠缺思慮的人。

當然，的確有許多這種人存在。愚蠢、邋遢的人不值得尊敬，但也不可視其為笨蛋。如果你將他們視為笨蛋，你就會自我毀滅。就算心中在議論或瞧不起對方，也不可以表現出來。

這並不是卑鄙的作法，而是需要擁有智慧的。

這些人也許會成為你的力量。如果你曾經視他們為傻瓜，他們就不可能成為你的力量了。

▶ 尊重每一個人的自尊心

做壞事可原諒，但侮辱絕不可原諒。每個人都有自尊，一旦自己被他人當成傻瓜看待，就一定會永遠懷恨在心。

被別人當成傻瓜，亦即在無意間被別人碰觸到自己的弱點或缺陷，這是很痛苦的事。

即使再親密的朋友，恐怕也不能容忍自己的弱點或缺陷，被出賣了，被宣揚出來了。

就算朋友指出你的過錯，也絕對不會嘲笑你是愚蠢的人。因為他們知道，不論是自己說出這樣的話或被別人說出這樣的話，

都會傷到你的自尊。

任何人一旦被侮辱，自尊就會覺醒而忿怒。為避免樹立一生的敵人，就算對方是理應受到侮蔑的人，你也不可表現出來。

▶ 不要逞一時之快，因為一句話而樹立一生的敵人

年輕人為了想要展現自己的優越感或取悅周遭的人，會揭發某些人的弱點或缺陷。但是，這種事實在做不得。

你一定要戰勝這種誘惑。你若這麼說，也許當時的確能夠讓周遭的人開懷大笑，卻樹立了一生的敵人。當時和你一起笑的人，事後一想，可能改天你也會在別人面前出賣他們。結果，大家都可能會開始討厭你。

事實上，做了這種事，就是下流的人。一個溫柔體貼的人絕不會公開揭發他人的弱點或不幸。如果你有智慧，就不會用這種方式來傷他人的心，而藉此取悅周遭的人。

不能只以「自己的價值觀」 來衡量整個社會

收到你的信，信上提及，你看到羅馬天主教會的信徒那麼盲目地信仰，覺得既驚訝又可笑。

但是，就算信徒的想法錯誤，只要當事者打從內心相信，你就絕對不可以嘲笑他或責備他。

那些盲目信仰的人是值得同情的，並不是應該取笑或責備的。你應該以體貼之心對待他們，多和他們談話，引導他們朝正確的方向前進。

每個人都會依照自己的想法展開行動。想要他人擁有和自己完全相同的想法，就如同希望他人擁有和自己的體型一樣，是一種傲慢。每個人雖都認為自己的想法是對的，但只有神才知道誰的想法正確。

不可因為某人的想法與自己不同，就認為他是笨蛋，也不可因為某人與自己的信仰不同，就視他為異教徒而加以排斥迫害。一個人只認同自己的想法、相信自己所相信的事物，這是很平常的現象。應該責備的是那些故意說謊欺騙他人的人，而不是相信自己的人。

▶ 「清清白白地活著」是一切的捷徑

說謊是罪孽深重、卑鄙、愚蠢的行為。說謊是藉著敵意、疑

心病、虛榮心而展現出來的行為。但不論碰到何種情況，說謊者都很少達到目的。就算再怎麼巧妙掩飾，謊言遲早都會被拆穿。

例如，因嫉妒他人的幸運或成就而說謊，也許有一段時期確實會令對方受傷，但最痛苦的人還是自己。因為一旦謊言被揭穿，自己傷得最重。而且，日後你說一些不利於對方的話時，就算是事實，別人也會把它視為單純的惡意中傷。對自己而言，這是一大損失。

為自己的言行找藉口，或因為害怕損傷名譽、蒙受恥辱而說謊，結果，反而會因為自己的謊言與說謊的不安而損傷名譽，蒙受恥辱。在他人眼中，這種人是最下流、卑鄙的人。

不幸犯了錯，與其說謊、隱瞞事實，不如誠實認錯道歉。這才是清清白白的做法，也才是能夠加以彌補並且得到他人原諒的唯一方法。

找藉口掩飾過失、用謊話欺騙人，會讓聽的人感覺不舒服。大家會猜測這個人到底在害怕什麼。因此，他很難達成目的。不！根本就不可能達成目的。

如果你不想損傷自己的良心或名譽，想要在社會中立足，那就不要說謊、欺騙，一定要清清白白地活著。我希望你終生都要記住這一點。這樣才算是善盡一個人的義務，也才能夠享受應得的利益。我想，你也應該察覺到了，越是愚蠢的人就越會說謊。我會以一個人是否經常說謊來衡量他的智商。

5 站在「世間」這巨大的 迷宮入口

今天，我想和你談談關於人以及人的性格、態度，亦即整個世間生存的知識。不論你到了幾歲，這些都是具有思考價值的知識。尤其是在你這個年齡，更是難得有機會得到這些知識。

能夠將這類人生智慧傳承給年輕人的人不多，因為大多數人都認為這不是自己的責任。

一般學校的老師或大學教授也是如此。除了教導語文或專攻科目外，他們不會教導其他東西。不！應該說他們認為自己教不起吧！父母也相同。他們不是因為忙碌、不關心而不想教導孩子。只是，有的父母認為社會才是孩子最好的學習場所。以某種意義來說，這也是事實。的確，世間的一切不能夠光以理論說明，必須實際置身於其中，才能夠了解。

但是，當年輕的你要踏入充滿迷宮的社會之前，讓已經踏入的有經驗的前輩事先將畫好的簡略地圖交給你，相信一定能夠給你一些幫助。

▶ 想要取悅對方，有時會產生負作用

即使再傑出的人，如果不具某種威嚴，就無法讓人對他抱持敬意或受到尊敬。

喜歡起鬨、大聲嘲笑、愛說笑話的人，看起來好像和藹可

親，但缺乏威嚴的態度。這種人即使擁有豐富的知識，也不會受人尊敬，反而會被視為傻瓜。

　　看起來活潑且受人尊敬的人，到目前為止我不曾見過。這種外表上看起來和藹可親的人，經常讓長輩、上司生氣，甚至被周遭的人暗地裡批評為「跟班」、「傀儡」。對於身分、地位比自己更低的人表現過度親切的態度，可能會讓對方誤解你有不當的要求。只會開玩笑、取悅他人的人，和小丑沒什麼兩樣。這與擁有能夠感動他人的智慧不能相提並論。

　　結論是：在與自己真正的性格或態度無關之處努力，就算加入他人之間，看起來左右逢源的人，也無法受人尊敬，只會被他人利用罷了。

　　有的人很會唱歌，就應邀加入合唱團；有的人擅長跳舞，就應邀參加派對；有的人很會搞笑，就應邀參加聚餐；有的人配合度很高，任何活動都參加。

　　當別人這麼說你的時候，並不表示你被稱讚，反而是被輕蔑。亦即他們刻意指名嘲笑你。至少，這並不算是得到適切的評價或尊敬。

　　如果別人只因為一個理由而邀你加入他們，就表示除此之外，你並無其他存在的價值。別人並不會注意到你的其它優點，所以你也不可能被尊敬。

▶　「威嚴」與「八面玲瓏」無法兩立

　　那麼，什麼樣的態度才是具有威嚴的態度？威嚴的態度與妄自尊大的態度是不相容的。應該說正好相反。這就好像莽撞行事並不代表有勇氣、擅長開玩笑並不表示你是一個充滿幽默與機智

的人一樣。

　　妄自尊大的態度，根本是在貶低自己的品格。傲慢者的自負心會產生忿怒，從而會招致他人對你的嘲笑。

　　所謂具有威嚴的態度，並不是指擅長拍馬屁，展現八面玲瓏的身段，但也不是凡事都唱反調。不是做一些無謂的爭論，而是謹慎、清楚地表達自己的意見，耐心傾聽他人所說的話。這才是具有威嚴的態度。

　　威嚴也可以由外在給予。藉由表情、動作，靠造出慎重其事的氣氛。當然，加入聰明的智慧與高貴、開朗的表情也不錯，這樣就能讓人感受到你的尊嚴。相反地，冷笑待人，不穩重地搖晃身體，會給人輕浮的感覺。

　　不過，就算從外在給予威嚴，有些人經常被識破自己的弱點，看起來欠缺勇氣，擁有不良的習慣，且一點也不像有威嚴的人。這些人如果能夠表現出彬彬有禮、堂堂正正的風範，就能夠減輕被貶損的程度。

CHAPTER 3

擁有這個「哲學」
就能擁有工作和遊樂

最好的香味是麵包，最好的風味是鹽，
最好的愛情是孩子的愛情。

——法國諺語

1 今天嘲笑「一分」的人，明天會為「一秒」而哭泣

善用金錢或財產的人不多，但懂得善用時間的人更少。而善用時間比善用金錢或財產更重要。

我希望你能夠成為善用這兩者的高手。而且，你也已經到了應該仔細思考這問題的年齡了。

在更年輕的時候，擁有很多時間，會認為自己並沒有浪費時間。但這就好像快要用完龐大的財產一樣，等到發現時，就已經無法挽回了。

在威廉三世、安女王、喬治一世時代相當著名的已故的勞茲財務部長，生前常說：「看不起一便士的人，會因為一便士而哭泣。」這是事實。勞茲部長親身力行，結果留下龐大的遺產給兩個孫子。

那麼，在時間方面又如何呢？嘲笑一分鐘的人，會因為一分鐘……不！應該說會因為一秒鐘而哭泣。因此，就算是 10 分鐘、15 分鐘，都不可輕易浪費。否則，一天會浪費好幾個小時，一年會浪費相當多的時間。

▶ 不要讓「空閒的時間」變成「空白的時間」

假定你 12 點和他人有約。11 點，你提前出門，想順道先去拜訪二、三戶人家。如果其中有人不在，你會怎麼做？會去餐廳

打發時間吧？我不會這麼做。我會先回家寫個信，赴約時，順便將信寄出。

如果寫完信後仍有多餘的時間，就看點書。因為時間有限，所以不適合看像笛卡兒、洛克或牛頓等人所寫的較難理解的書，應當讀一些像賀拉斯、波瓦洛、瓦拉等人所寫的簡短易懂、內容輕鬆的文章。有效利用這種空閒，就能夠節省時間。至少，這不是無聊地打發時間的方法。

社會上有很多人會漫無目的地虛度時光。只要坐上大椅子，就立刻打呵欠，同時說：「我很想做點什麼，但時間不夠……」

這些人即使真的有時間，也不會積極地展現行動，結果白白浪費了時間。真有這種性格的人，想必在課業或工作上也難有大的成就。

在你這般年紀，絕對不能優閒度日，到我這種年紀才可以這麼做。你現在才剛開始接觸社會，所以要積極地展現行動，勤勞、耐心地工作。

今後幾年，對你的一生具有重要的意義。因此，你絕不可以浪費每一分鐘、每一秒鐘。

我並不是希望你一整天都坐在桌前用功，也不建議你這麼做。但是，不論做什麼事，都要展現行動力。哪怕是 20 分鐘、30 分鐘，都不可以白白浪費，否則一年後會造成極大的損失。

一天之中，在學習後，總會有一些空閒時間。這時，不要無所事事地頻打呵欠。身邊的任何書都可以，隨手拿來讀，哪怕是短篇故事。閱讀總比不閱讀好。

▶ 利用上廁所時得到「一石二鳥」的效用

我認識一個人，他很會利用時間，甚至會利用上廁所的短暫時間閱讀古羅馬詩人的作品，最後終於讀完一本詩集。例如，當他想閱讀賀拉斯的詩集時，每次上廁所前就撕下二、三頁，帶到廁所中閱讀。這總比什麼事都不做要好些吧！

當然，並不是任何書都能夠這麼輕鬆翻閱，有些書必須持續閱讀才能夠了解。例如，與科學有關或內容比較艱深難懂的書，就不適合這麼做了。所以，你應該選擇方便閱讀的書來看。

就算只是極短暫的時間，只要有效利用，也能累積得相當龐大。要有意義地使用每一刻，這才是快樂地打發時間的方法。

除了學習之外，遊樂也很重要。人透過遊戲而成長。從遊戲中，你可以發現有的人裝腔作勢，有的人態度謹慎。因此，在遊戲時也要集中精神，不可掉以輕心。

▶ 聰明人懂得「安排順序」

做生意並不像一般人所想像的，需要擁有宛如變魔術般的力量或特殊才能。只要勤勉，再加上懂得安排順序，就能夠好好地經營。

你即將踏入社會，所以要盡早養成擬定好所有體系的習慣，決定順序，按部就班地進行，才能夠有效地提升工作效率。不論書寫、閱讀或分配時間等等，任何事情，事先決定好順序，就能夠節省很多時間，也能讓事情順利運作。

巴爾巴拉公爵不會浪費一階一秒，一小時內能夠完成他人數倍的工作。而紐加斯爾公爵那種慌亂的態度，以及混亂的行動，

並不是因為工作量太多，而是工作欠缺秩序所致。前首相洛巴特・瓦波爾擁有比他人多 10 倍的工作，卻能夠從容不迫地完成，就是因為事先決定好工作順序的緣故。

　　能力再強的人，如果不事先決定工作順序，腦海中就會陷入混亂狀態，最好只好舉雙手投降。

　　如果你今後不想再讓自己怠惰，那麼我建議你從這裡著手。要學習摸索工作的方法與順序，這樣就能按部就班地工作，從而得到好的結果。若不按照順序去做，恐怕最終只能一事無成。

2 藉著盡情玩樂發揮自我

　　遊戲或娛樂是會讓大部分年輕人擱淺的暗礁。揚帆待發，為了追求快樂而出航是一件好事。但是，這時若發現沒有用來辨識方向的羅盤，也缺少掌舵的知識，就無法得到真正的快樂，只會背負不名譽的傷痕，疲累不堪地回到港口。

　　我並不是像禁欲主義者那般討厭快樂的人，也不會像牧師那樣，勸大家不可沉溺於玩樂中。我比較像個快樂主義者，鼓勵你能夠發現各種遊樂並盡情地玩。

　　我是說真的。你盡情地玩吧！我只想告訴你，切勿朝錯誤的方向前進。

　　和好朋友有節制地玩撲克牌，或是與活潑、品性不錯的人一起愉快地用餐，無疑都是很棒的事情。如果和某人在一起，能夠帶給自己一些有益的啟發，那就應該努力地親近他。

　　若是你把我當成好朋友，就應該敞開心扉與我交談。我並不想逐一去探討或檢驗你的玩樂，我只希望能夠成為你人生的嚮導以及遊樂時的橋樑。

▶ 「貪玩者」的陷阱

　　年輕人有時只會追求形式上的快樂，甚至認為盡興、不節制才是遊玩的真諦，完全忽略了自己追求的嗜好是什麼？

　　你是否也抱持這種想法？

　　以酒為例，雖然酒會對人的身心造成不良的影響，但有時卻會成為很棒的享受。而賭博更是會讓人變得一貧如洗，甚至讓人的態度變得粗暴。此外，一個人也可以為了追求女友而情敵大打出手，損害了健康。

　　雖然這些都是無聊的遊戲，卻深深地擄獲許多年輕人的心。他們不假思索，輕易就接受別人稱為娛樂的事物。

　　你這種年紀，當然會想要盡情玩樂。但我擔心你因為找錯玩伴而誤入歧途。貪玩的人如果不仔細思考自己玩樂的行為，就容易染上惡習，越陷越深。

　　舉個極端的例子。

　　一個喜歡玩樂的年輕人去觀賞莫里哀的戲劇《放浪不羈者》（《Le Festin de Pierre》），深受劇中主角的放浪形骸所感動，結果決定自己也要成為一名放浪不羈者。他的幾個朋友勸他不要成為「墮落者」，只要成為一名「放浪不羈者」就夠了。他非但對聽勸告，還大言不慚地說：「不行！不行！不能只成為一名『放浪不羈者』，一定要成為一名『墮落者』！否則就不算是完美了。」

　　也許你會認為這種事很愚蠢。事實上，許多年輕人就是如此，只看外表，不做深入的思考。一味地追逐仿傚，最後就會變成一個真正的「墮落者」。

▶　「遊戲」也有「哲學」

　　我說說自己的經驗，供你參考。那與我的嗜好無關。我一度認為「貪玩者」是有價值的愚蠢者之一。愚蠢的我原本不喜歡喝酒，但是，為了想要表現出像「貪玩者」那般的姿態，因此開始

喝酒。雖然酒後總是感覺不適，甚至常常引來宿醉，卻仍然喝個不停，造成惡性循環。

賭博的情形也一樣。我並不是因為缺錢而賭，只因認為「賭博是紳士的必要條件」，從而開始賭博。我原本是個不喜歡賭博的人，但在人生最充實的 30 年內卻過著賭博的生活，結果沒有機會體驗到真正的快樂。

有一陣子，我為了想要接近自己所憧憬的人物，只注重外表。現在回想起來，那的確是一件愚蠢且難為情的事。我很後悔做出那樣的傻事。

就好像被一種流行病所襲擊，只追逐形式上的遊戲，結果付出了真正的快樂被奪走的代價，不但財產減少，健康也受了損。這一切都是上天給我的懲罰。

你從我愚蠢的經驗談中會學到些什麼呢？我希望你能夠得到真正的快樂，不要沉溺於遊戲中。別盲目地追求流行，要有自己的想法。現在想想讓你覺得快樂的一切遊戲，逐一思考如果持續下去，會變成什麼情況。這樣就會明白，哪些遊戲應該結束、哪些遊戲可以繼續玩下去。

▶ 培養能夠分辨「看似快樂」與「真正快樂」的眼光

如果能擁有以往所有的經驗而且能夠重新回到你這個年紀，我會做些什麼呢？首先，我不會去做一些「看似快樂」的事，而會去做一些「讓我覺得真正快樂」的事情。例如，和朋友吃飯、喝酒時，我不會讓自己暴飲暴食，從而留下痛苦的回憶。20 歲的人，應該不用他人提醒你該怎麼做，也不必刻意壓抑自己的行為。同時，不可責備他人，令他人厭惡。別人是別人，你不必去

管他們做什麼。但是，關於自己的健康，則要努力維護。因為沒有人會去關心你的健康。

就算賭博，也不是為了讓自己痛苦，而是為了讓自己快樂才去賭。和三五好友小賭一下，也能享受到快樂。同時，賭注大小的事要慎重。在不致影響生活的情況下，拿些零用錢小賭一下並不為過。但是，因為賭博而失去理性，與他人起爭執的事，卻時有所聞。

挪出一點時間閱讀，或與有教養的人談話——最好對方是比你更優秀的人——也可以獲益不少。

社交界的男女會互相交流，但談話內容並不充實。不過，與他們在一起，坦白訴說自己的想法，能夠展現活力。別人的態度有很多地方值得學習。

如果我能夠重新回到你的年紀，我會做讓自己覺得快樂的事。我已經知道哪些事能夠讓我快樂、哪些事不會讓我快樂。這才是真正的遊戲。知道什麼是真快樂的人，不會放浪形骸。不知道的人，才會把放浪形骸當成真正的快樂。

有理性的人會想和喝得酩酊大醉的人交朋友嗎？會想和因為賭博而傾家蕩產、甚至口出惡言的人交朋友嗎？會想和行為放蕩而健康受損的人交朋友嗎？當然不會。

有良知的人，不會接受沉浸於自己放浪不羈的行為中且引以為傲的人。就算勉強接受，也不會真的敞開心扉，坦然接受。

知道什麼是真正的遊戲的人，不會喪失品格。至少不會以惡德為典範，更不會學習做壞事。萬一不幸必須做不道德的行為，也會慎選對象，在不被他人發現的情況下，若無其事地去做。

3 真正「愛玩的人」 也能懂得工作的喜悅

　　遊玩是件很好的事。能夠發現自己的樂趣，更是一大快樂。但是，不可一味模仿他人，要捫心自問：哪些事才能讓自己得到真正的快樂。

　　什麼事都做的人，無法享受到任何喜悅。只有認真工作，從中得到樂趣的人，才能夠從遊戲中得到快樂。以這個意義來看，古雅典將軍阿爾西比亞德斯是合格的。雖然他是一個放浪形骸的人，卻能挪出時間研究哲學與工作。

　　尤利烏斯·凱撒也是工作與遊戲兼顧的人。民間雖盛傳他曾與女子私通，但他仍建立了學者的地位，也是超一流的辯士，可說是羅馬最具領導力的人。

　　不過，如果只是一味玩樂的人生，不僅不會讓人感動，而且不會有任何趣味。每天認真工作，才能夠得到快樂。大量喝酒而臉色蒼白，或沉溺於女人，而血色不良的好色者，應該不會以自己所做的事為樂吧！

　　過著精神水準較低之生活的人，只會追求快樂，學習低格調的遊戲。相反地，過著精神水準較高之生活或結交了不少益友的人，能夠隨心所欲的享受危險較少而不失格調的遊戲。

　　有良知、有理性的偉大人物知道遊戲不能當成人生的目的。遊戲只不過是一種日常的慰藉與獎勵罷了。

▶ 隨時都要實踐「早上比晚上更聰明」

不論是工作或者是遊樂，都要努力區分時間。學習、工作、和知識分子或名人坐下來互相討論事情，最好是選擇早上的時段進行。

晚上最好做些讓自己放鬆的事——和好友打打撲克牌，享受快樂的閒暇時光遊戲。

看戲、唱歌、跳舞、用餐、和同伴聊天都不錯，能夠讓自己過一個很滿意的夜晚。當然，對具有魅力的女孩投以熱情的視線也不錯，但希望對方不是一個會讓你降低品格或自我毀滅的人。至於對方是否能夠被你打動，就要看你的手腕是否高明了。

早上用功學習、晚上遊玩，要區分時間，而且找到能夠讓自己真正快樂的遊戲。這樣一來，你就有資格成為一個真正偉大的社會人。

上午集中精神認真學習，則一年下來就可以累積相當豐富的知識。晚上和朋友交流，能夠得到社會知識。早上從書中學習，晚上從他人身上學習並加以實踐。

我在年輕時，懂得玩樂，也懂得與他人交流。雖然有時玩樂過度，但也一定會確保用功讀書的時間。如果真的時間不夠，就會犧牲一點睡眠時間彌補。就算晚上很晚睡，第二天也一定會早起。除了生病外，40 多年來，我都持續保持早起的習慣。

我並不是一個食古不化的父親，會絕對禁止你玩樂，或要求你擁有和一樣的想法。與其說是父親，還不如說這是朋友給你的建議吧！

4 體會「全神貫注在一件事物上」的滋味

前些日子，哈特寫信告訴我說，你做得非常棒。我聽了很高興。不知道你是否能夠體會我內心的喜悅與充實感。我認為，擁有滿足感與自負心，才能夠鼓勵自己多學習。

哈特說你擁有很好的學習態度、理解力和應用力。到此地步，接下來的一切就會變得輕鬆快樂了。只要努力，這種快樂就會日益增加。

▶ 一次只做一件事，今日事今日畢

不論做什麼事，集中精神都很重要，不只對於學習如此，遊玩也一樣。遊戲和工作都要集中精神去做。不努力去做的人，就無法得到進步，也無法得到滿足感。做某件事卻不集中精神或無法摒除腦海中之雜念的人，工作效率必定不彰，也不能體會玩樂場合的妙趣。

在派對或餐會中，若你面對的是一個腦海中正在苦思如何解決問題的人，相信你一定不快樂。這種人在人群中也顯得特別頹喪。另一方面，在書房中想要解決某個數學問題，腦海中卻想著某一首音樂，這種人也一定不會成為偉大的數學家。

一次只做一件事，那麼一天中就有很多時間可以做各種規劃。如果一次做兩件事，那麼，就算有一年的時間，也不夠用。

　　已故的法律顧問德・威特先生一手承攬國事，完成工作後，晚上參加集會，和大家一起用餐，時間上很充裕。他白天完成了很多工作，晚上仍有空閒的玩樂時間。我問他為何擁有那麼多時間。他回答：「這很簡單！一次只做一件事，而且今日事今日畢。就這麼簡單。」

　　不受其他事干擾，確實集中精神逐一完成每件事。能夠辦到這一點，就證明他是個天才。反之，無法心平氣和、集中精神做一件事的人，多半是不可取的。

▶　每天都要確認：「今天做了這些事。」

　　有些人忙了一整天，但睡前仔細想想，好像什麼事都做不好。這些人即使讀書二、三個小時，也只是眼睛看著書本，腦海中卻未記住丁點內容。

　　與人會話時也是如此：若沒有心想要積極地交談，就無法細心觀察與自己說話的對象，更無法準確地掌握談話內容。這種人腦海中一片空白，或是老是思考著與現場無關的事。

　　為了維護自己的尊嚴，他們也許會說：「我今天有點心不在焉……」或是「我在思考別的事情……」這種人就算置身於劇場，也不會專心看戲，可能只會注意其他觀眾或照明設備吧！

　　在與他人見面時，也要像讀書時一樣集中精神。讀書時，要將注意力放在書本上，思考書中內容的涵義。而與他人見面時，也要把精神集中在所聽到、所看到的事物上。

　　愚蠢的人會辯解道：「啊！我正在想其他事，所以沒有注意到……」絕對不可以這麼說。既然你要想其他事情，又為何來到這裡？甚至可以說，這些人並不是在思考其他事，而是腦袋空

空，在那裡發呆。

這種精神散漫的人，既無法專心工作，也無法專心遊戲。做事三心兩意，工作時想著遊戲，遊戲時想著工作，結果什麼事都做不好。

凡事都要盡心盡力去做，絕不可半途而廢。

要集中精神在自己所做的事情上。該做的事就要去做，而且集中精神，不該做的事就不要去做。仔細聆聽他人所說的話，看清楚眼前所發生的事。

在閱讀賀拉斯的詩集時，要細心思索，享受其美麗的詞藻和意境，不要去想其他人的作品。

讀書時，不要去想聖‧日耳曼夫人的作品。反之，和聖‧日耳曼夫人聊天時，不要去想讀書的事。

5　用一塊錢買到「一生的智慧」

你即將成為大人了。趁此機會，我要對你說明我打算如何供你金錢的事。這樣一來，你比較容易擬定計畫。

讀書與交際的費用，我毫不吝嗇。學習費、書本費，甚至是旅行時和一些偉人的交際費。例如，住宿費、交通費、服飾費、傭人的薪水支付，我都會支助你。

所謂「交際費」，當然是指「智慧」地與人交際的費用。例如，對於值得同情的人的慈善費用（但是，不可以此為藉口騙錢），或回謝照顧你的人、給你想要照顧的人的禮物或費用。和他人交際應酬的費用，像是觀賞、遊玩及一些臨時費用等，都是不可少的。

我絕對不會付出的，是因為你的不良行為、與他人起爭執而必須支付的金錢，或因怠惰、偷懶、浪費時間而必須花費的金錢。聰明人不會用錢毀損自己的名譽，也不會做無謂的浪費。聰明人知道金錢和時間一樣重要，花錢是為了幫助他人或得到智慧的喜悅。

愚蠢的人正好相反，將錢花在沒有意義的事物上，容易被不值錢的東西所誘惑，購買一些沒有價值的東西，甚至被商家所騙。身邊擁有的都是一些垃圾，完全沒有真正需要或能夠慰藉自己心靈的東西。

▶ 只要擁有「金錢哲學」，即使小錢也夠用

沒有「金錢哲學」的概念，或不會慎重使用錢財，最後就可能連最低必要限度的東西都買不到。相反地，只要擁有自己的金錢哲學，小心謹慎地使用金錢，就算只有極少的錢，也足以買到最低必要限度的東西。

最好自己親手支付現金。透過他人服務，可能會被要求一些手續費或謝禮。有些就算是「月結」性質，每個月也要自己親手支付款項。

不要貪小便宜，買一些無用的東西。這不是節省，反而是無端的浪費。另外，為了滿足自尊心而去購買不必要的昂貴物品，也是不當的行為。

自己購物的消費金額，最好加以記錄，藉此掌握金錢的收支，免得露出破綻。但是，像交通費等一些小額度的花費，不用去記它，否則反而浪費時間與墨水。只有無聊的守財奴，才會去計較這種小錢。

不只是家計，任何事情都如此。只關心值得關心的事物，一些無聊的事物就別去理它了。

▶ 真正重要的一切都在「自己能掌控的範圍內」

聰明人會以實物大小的觀念掌握一切，愚蠢的人則好像用顯微鏡看東西，任何東西看起來都很大。例如，將跳蚤看成如大象一般大。把小東西看得更大還好，最糟糕的是，把大的東西又看得更擴大了。

為了一些小錢而與他人起爭執，會被他人視為守財奴。這些

人與其說是希望擁有比收入更好的生活，不如說他已經錯失了原本操控在自己手中的「重要東西」。

　　凡事都要「恰如其分」。意志堅定的人知道自己能掌握與不能掌握的事物。但是，這條界線很細。懂得區分的人，只要集中意志，即可找到它。粗野的人就不懂清楚這條界線了。

　　你要經常注意到自己能夠掌握與不能夠掌握的界線，巧妙地走在界線上。在你能夠獨立行走之前，尚有賴哈特先生幫助你修正軌道。會走鋼索的人，也不見得能夠高明地走在界線上。能夠高明地走在這條線上的人，必定懂得如何去拿捏事物。

CHAPTER 4

藉著閱讀，培養
「對事物的不同看法」

讀書絕對不是只為了使我們心情愉快，而應集中我們的精神
去讀。讀書並不是要打發無趣的生活，用外在的慰藉麻痺自
己；相反地，它是在幫助我們逐漸提升並充實自己的生活。
——赫塞《世界文學圖書館》

1 年輕時對「歷史」感興趣很重要

知道你在閱讀書籍時，不僅能夠掌握內容，同時能夠做深入的思考，令我十分欣慰。

很多人看書的時候，都不加以思考，只是囫圇吞棗。結果，腦海中塞滿許多雜亂無章的東西，這就像無法整理出井然有序的房間一樣，在必要時能夠立刻取出自己想要的東西。

我希望你不要只被作者的名字所吸引而對書的內容一知半解。一定要深入體會書中的內容以及作者考察的正確度。

對於一項史實，要翻閱數本書籍加以查證，綜合所得到的信息，然後得出自己的看法與想法。我認為，對於歷史這項學問，至少可以做到這個地步。但很遺憾的是，我們仍無法了解「歷史的真相」。

▶ 凱撒大帝被殺的「真正原因」

歷史書一定會記載歷史事件發生的動機與原因，但不可全然信以為真。與某事件有關之人物的想法或者利害關係也要納入考量，接著再思考作者的考察是否正確、有無其他可能性較高的動機等等。

不可忽略一些微不足道的動機。人是非常複雜且充滿矛盾的生物，情緒易變，意志脆弱，心情也容易受身體狀況所影響。

換言之，人無法貫徹始終，每天都在改變。再怎麼偉大的

人，也會做出一些無聊的事；再怎麼無聊的人，也會做出一些有意義的事。看似無能的人，也有其優點。這就是人類。

在探索歷史事件的原因時，我們多半會找尋高尚的動機。不過，以路德的宗教改革為例，其原因可能是因為路德缺錢。頭腦頑固的歷史學家，不只對於歷史性大事，對於平凡的事件，也會給它戴上政治動機的帽子。這太可笑了。

人類充滿矛盾，並不是只會展現高等行動。聰明的人也可能做出愚蠢的事，愚蠢的人也可能做出聰明的事。人類擁有矛盾的情緒，隨時都在改變，更會因當天的身體、精神狀況而改變。

雖說如此，但是，仍然有動機存在。只不過，一味地給予某些事高尚的動機，這是錯誤的做法。

攝取容易消化的食物、能夠熟睡、迎向晴朗的早晨，也許就能夠展現男子漢般的英姿。

反之，如果攝取不易消化的食物、睡不好，第二天早上又下雨，那麼，或許就會變成一個懦弱的男人了。

因此，就算想要找出人類行為的真正原因，也很難脫離猜測的範圍。亦即只要能夠就我們所知道的事件、其發生的過程做出推測罷了。

凱撒大帝被 23 個人謀殺，這是毋庸置疑的事情。但是，這23 名謀害者真的是因為愛自由、愛羅馬才殺害凱撒的嗎？難道這是唯一或主要的原因嗎？

也可能是事件的主謀者布魯特斯因為自己的驕傲、嫉妒、怨恨、失望，或其他一些私人的動機而行兇殺人。難道沒有這種可能性嗎？

▶ 對所謂的事實重新加以懷疑，這就是讀書的目的

對於歷史中記載的所謂事實，我們經常存疑。至少，與某事實有關的背景，應該抱持懷疑，按照自己平時的經驗加以思考。相信你會輕易地了解到，歷史根本就是可信度很低的東西。

例如，事件的證人，他們的話完全一致嗎？應該會有所不同吧？有的人是思考方向錯了，有的人是現場感覺不一而說出不同的證言。有的人會根據自己的看法發表證言，有的人則改變心意，做出歪曲事實的證言。而書記也不見得能夠完全公正無私地記錄內容。

因此，歷史學家是否公正地記載歷史，我們實不得而知。也許他想擴大自己的言論，或想趕緊結束內容（有趣的是，法國史書在各章開頭，一定會加上「這是事實」等字眼）。

別受到歷史學家的名字所吸引，認為他所寫的完全正確無誤而全盤接受。要自己加以分析、判斷。

我並不是教導你不必學歷史。史實的存在的確已被世人所認定。而由他人口中說出而且記載在書上的東西，你最好先了解一下比較好。

例如，很多學者都記載凱撒的亡靈找上布魯特斯。老實說，我完全不相信這種說法。但是，完全不知道這樣的話題也不好。

歷史學家記述這種性質的事，雖然沒有人相信，但是，這樣的話題仍被視為必要之事而加以探討，並將其記載於書中。比如說，所謂的異教神學。像丘彼特、馬斯、阿波羅等古希臘羅馬的神就是如此。就算他們實際存在，我們也只是把他們當成普通人看待罷了。

雖然必須對歷史存疑，不過某事一旦變成常識，就要努力學習。不！應該說，既然歷史存在於人類社會中，那麼，它就比任何科目都更要努力學習。

▶ 「有前例、無前例」，根本毫無根據

過去如此，並不代表現在也是如此。雖然引出過去的例子以討論現在的問題是好事，但務必慎重其事。

因為我們無法真正了解過去所發生之事的真相。我們多半只能「推測」，不知道其真正原因為何。與現在的證言相比，過去的證言比較含混不清。而且，時代越久遠，可信度也越低。

有些學者只是因為相似的理由，動不動就引用過去的例子。這是愚蠢的做法。他們沒有想到，自開天闢地以來，這個世界不可能發生完全相同的事。就算是歷史學家，也沒有人能夠記錄事件的全貌（根本沒有人能夠完全掌握事件的真實）。

每件事物都有其特點，應該個別討論，不可因為它是昔日某位學者或詩人所寫這個理由就立刻下判斷。類似的例子可以當成參考，但不可當成判斷的依據。

學習過去的歷史很重要。對於一般人都知道的事，你可以閱讀值得信賴的歷史學家所寫的書。不論它是否正確，且當成知識來學習是很重要的。

不知道你學習歷史的方法如何？有的人為了節省時間和勞力，只學習歷史上的大事件，剩下的事物只須大致上瀏覽一下。不過，有的人對於任何事物都會傾注相同的心血，付出相同的努力去學習。

但是，我建議你採用別的方法。首先，依照國別，簡單地閱

讀史書，掌握概要。但同時也要找出重點，像是所征服的土地、國王的交替、政治形態的改變等。針對重要的事物，挑選詳述其內容的論文或書籍，徹底學習。這時，自己深入洞察十分重要——要努力找尋發生某事件的原因。

2 這種「閱讀方式」 會成為人生的關鍵

社會就好像一本書，從這本書中所得到的知識，比現在出版的何書中所記載的知識對你都更有幫助。因此，有許多人聚集的場合，就是你最佳的學習場所。

生活在工作與娛樂喧鬧中的我們，一天中很少有自由、放鬆的時間。趁這段時間閱讀，能夠讓你得到慰藉與喜悅。

要如何利用些許時間，去閱讀能夠豐富自己心靈的好書呢？

首先，不要浪費時間去看一些無聊的書。那是沒東西可寫的怠惰之作之作者為了那些怠惰無知的讀者所寫的書。在我們周遭有很多這種書。這些書既無法成為毒，也無法成為藥，還是對它敬而遠之比較好。

▶ 能夠產生卓效的「一天 30 分鐘讀書術」

看書時，要把注意力集中在目的上，在達成目的之前，絕對不要觸碰其他書籍。要以自己的將來為考量。例如，從現代史中，挑出特別重要且自己感興趣的時代，努力學習。

依序閱讀可信度較高的史書、文件、回憶錄、文獻等，不看不相干的書籍。

這種研究學問的方法不會浪費時間。與其一次同時探索好幾個主題，不如把焦點放在其中一個主題上，建立研究體系，才能

夠提高效率。

　　閱讀許多書籍後，會發現有些內容相反或出現矛盾。這時，最好更換，看其他的書。這並不是旁門左道的做法，反而能藉此擁有更鮮明的記憶。

　　例如，有時看完一本書後，無法留下深刻的印象，可是去看一些相同的書，或閱讀成為政治家討論之話題的書，或他人口中得知該書的內容，結果，書中的內容就會立刻進入你的腦海，藉此而得到完整的知識且記憶深刻。直接趕往事件發生的現場，聆聽當時的談話，也是很好的學習機會。

　　成為社會人後，可參考以下的閱讀方法：

　　（一）實際踏入社會後，看書的時間減少，不妨藉由與他人交談，去蒐集各種不同的資訊。

　　（二）不要讀沒有幫助的書。

　　（三）每次只針對一個主題，閱讀相關書籍。

　　遵守以上諸項，一天閱讀 30 分鐘就足夠了。

3 靠自己的眼、耳與雙腳學到真正的東西

可能你正準備從威尼斯前往羅馬吧！到羅馬之前，可以先沿著亞德里亞海到里米尼、洛雷托、安科納去一下。這些地方都很值得探訪。但是，別逗留太久，只要參觀一下即可。

在那附近，有古羅馬遺跡、著名的建築物，以及各種繪畫、雕刻。不論何者，都別輕易放過。因為時間不多，所以只要大致了解一下即可。

但是，如果遇到一些需要了解內容，那就必須得多花點時間和注意力去探索。

年輕人往往心浮氣躁，注意力不專注，對任何事都漫不關心，經常不認真地用眼睛看、用耳朵聽。只看表面，不用心聽、看，那倒不如不聽、不看。

看了你寄來的旅遊記，發現你能夠在旅行地仔細觀察，而且促發出很多疑問。這可以說是旅行的真正目的。

只注意旅行的目的地、投宿地點的人，或只對旅行地的教堂尖塔、時鐘、偉大建築發出驚呼聲的人，根本無法藉由旅行學習到東西。

有的人去旅行，會仔細觀察當地的局勢、交易、特產，接觸當地的風土民情。這樣旅行才能有所收穫，擁有更豐富的知識，頭腦也會變得更聰明。

➤ 透過旅行，讓自己變得更聰明

羅馬是以各種生動的外觀來表現人類的情感，並將其集合起來，結成藝術之果的城市。像這樣的城市並不多見。所以，停留在羅馬時，別因為欣賞到美麗的建築或宮殿就感到心滿意足。

觀光一分鐘，要花十天來蒐集資訊。包括羅馬帝國的本質、教皇權力的盛衰、宮廷政策、樞機主教的策略、教皇選舉會議背後的故事等在內，擁有絕大力量的羅馬帝國內部的各種事物，都要加以調查。

不論在哪塊土地上，都有介紹該地歷史與現況的小冊子，可以事先閱讀。發現不足的部分，將其當成研究方向。閱讀後，如果想要知道更詳細的情況，則可以詢問當地人。

向非常了解當地且深思熟慮的人請教不明白之處。因為書上寫得再詳細，也無法從中得到完整的信息。

每一個國家都有介紹自己國家的書籍。但不論哪本書，信息都不夠完整。這是因為作者並沒有完全了解本國現況所致。

但是，它們仍有閱讀的價值。畢竟，那些書中總有一些你原本不了解的部分。

對於不明白的部分，可以詢問熟悉內情的人。例如，想要知道有關軍隊的事務，可以詢問那些軍士官。任何人對自己的職業都有一份感情，所以不致排斥談論自己的工作，甚至會滔滔不絕地說給你聽呢！

在一些集會上看到軍人時，可以向他們討教，例如訓練法、紮營法、衣服的配給法、薪資、工作、檢閱、營地等……想要知道的事都可以詢問。

　　同樣，也可以蒐集海軍資訊。昔日英、法海軍保持密切聯繫，想必今後也是如此吧！知道這些，對你沒有損失。

　　當你取得國外的資訊，回到英國，將會讓你大放異彩。在你實際與國外交涉時，它會對你有所幫助。

　　這一切都超乎你的想像。事實上，精通這方面的人才並不多見，是一個未開拓的領域。

4 出國是為了學習

　　哈特的來信中經常稱讚你，尤其這一次信上所寫的事情更令我欣慰。你停留在羅馬期間，努力不懈，想要融入義大利人的既存社會，而並未加入英國婦女所提議成立的英國人團體。這是有區分的行動。也就是說，你確實能夠了解我送你出國的動機。這讓我深感欣慰。

　　了解各國的人總比只與一國的人交往來得好。這種有區分的行動，不論你到哪個國家，都要持續下去。

　　在巴黎，英國人總是 30 個、甚至 300 個以上聚集在一起，不與法國人交流，只和自己國家的人一起生活。

　　停留在巴黎的英國貴族，他們的生活也是如此。早上很晚起床，起床後立刻和自己的同伴吃早餐。吃完東西，搭乘馬車去參觀宮廷或具有紀念價值的建築物、教堂，接著去喝咖啡，參加可以享受晚餐的派對。

　　晚餐後繼續喝酒，然後前往劇場看戲。最後一行人又回到原先的酒館喝酒。有時喝多了會與同伴發生爭執，在大街上雙方拳打腳踢，最後被警察逮捕。

　　經常過這種生活，而且不說法文，當然學不會當地的語言。

　　回國之後，個性變得急躁，知識也沒有累積，卻因為從國外回來聽感到驕傲，動不動就使用法語，做法國人的打扮，讓人覺得莫名奇妙。好不容易才擁有的海外生活就這樣化為泡影。

我希望你待在法國時能夠和法國人好好相處。老紳士能夠成為好的典範，和年輕人交流也不錯。

▶ 脫掉「外來客」的衣服，融入對方的生活

像候鳥過境一樣，只在某地停留一週或 10 天，很難得到真正的快樂，也不容易和他人親近。

若是停留數個月，就能夠有時間融入當地生活，不會讓人覺得你是「外來客」。這才是旅行真正的醍醐味（比喻極致的美味，事物的精髓）。不論到哪個地方，都可以入境隨俗，和當地人打成一片，了解這些人的真正想法。

這樣就能夠體會當地的風土習慣與禮節。這是僅僅 30 分鐘公式化的訪問無法得到的知識。

世界上各地方的人所擁有的性質都相同，不同的只是如何加以表現罷了。人們會因土地、環境的不同而採取不同的表現。我們必須去了解這些表現的背後原因。

比如說，每個人都有「野心」。但是，滿足野心的手段，則會因教育或風俗習慣等的不同而有所差別。

基本上，每個人都擁有表現禮貌的心理。但是，每個地方的人，其表現禮貌的方式也各有不同。

例如，向英國國王鞠躬是表示敬意。但是，對法國國王鞠躬則是失禮的表現。原則上，鞠躬是敬意的表現，但有些國家在專制君主面前必須全身伏地，以表現敬意。總之，表現禮儀的方法會因地域、時代、人種的不同而有所差異。

這種禮儀規範代代傳承。再如何聰明，懂得區分的人，也無法完全掌握某地特有的禮儀，只有實際前往該地並融入其社會，

才能夠體會。

禮儀規範無法靠理性加以區分或說明。無可否認,它是偶然形成的。但是,既然已經形成,就要遵從。在任何階級中,已存在的習慣,還是加以遵從比較好。

例如,為了慶祝大家平安、健康而乾杯,這種行為看似愚蠢,但幾乎每個地方都有這種習慣。我喝一杯葡萄酒和某人的健康有何關係呢?以一般常識,當然無法說明這一點。但是,這種禮儀還是有遵從的必要。

良知會驅使你對某人展現禮貌,讓他快樂。但是,該如何表現自己的禮貌,則必須實際去看、去體會。能夠學會它們,才能說已掌握了正確的旅行方法。

▶ 「適應力」才是最棒的學習

懂得區分各類事物的人,不論前往何處,都能夠學會當地的風俗習慣並加以遵從。當然,除非是違背道德良心的事,否則一切都要入境隨俗。

這時,適應力很重要。亦即在瞬間衡量當場的情況而決定態度的力量。面對嚴肅的人,也要表現嚴肅;面對活潑的人,也要表現開朗;面對邋遢的人,則馬虎以對。要努力培養這種能力。

造訪某地,努力讓自己成為當地人,與大家和樂共處。要虛心接受各地好的風俗習慣——在巴黎成為法國人,在羅馬成為義大利人,在倫敦則成為英國人。

停留在義大利的法國貴族,他們並未察覺到自己能夠說一些漂亮的語言。同樣地,在你未察覺到的情況下,自己也能夠了解義大利文。你既然懂得法文、拉丁文,那麼也應該懂得一半的義

大利文。我甚至認為你根本就不用去查字典。

　　不過，像一些成語、慣用語、微妙的詞彙等，一定要在當地實際會話，才能夠了解它們的意思。只要仔細聆聽談話對方的話語，立刻可以學會。不要害怕說錯，只要學會能夠提出問題與回答問題的單字，就能夠時常和他人交談。

　　不要用你擅長的法文說「午安」，而要用你剛學會的義大利文說「午安」，這樣對方也會用義大利文問候你，你聽完後記住即可。經常這麼做，你的義大利文將會進步神速。學習外文，並不如你想像中那麼困難。

　　送你到國外，就是希望你能夠學會這些事。不論到哪裡，都不要以單純觀光為滿足，而要仔細觀察各地的風土民情，和當地人親近，了解他們的習慣與禮儀，同時學會當地的語言。能夠達成這些目的，我的苦心才沒有白費。

CHAPTER 5

磨鍊能夠自我表現的
判斷力與表現力

常言說得好：在正路上行走的跛子會越過那跑在錯路上的快腿。不但如此，一個人在錯的路上奔跑時，愈是活躍，愈是迅捷，就迷失得愈遠。

——培根《新工具》

1 勿用「他人的頭腦」判斷事物

接到這封信時，想必你已經回到萊比錫了吧！對於即將在德雷斯頓踏入宮廷社會的第一步，你有什麼想法？聰明的你，可能會以參加節慶的心情待在德雷斯頓。那麼，就趕緊在萊比錫多加學習吧！

如果你喜歡宮廷，就要多多學習儲備知識。這是能夠得到眾人肯定的最佳捷徑。對於欠缺知識、沒有道德的宮廷人士，你也許根本就不屑一顧。其實，他們都是可悲的人。相對於此，知識與仁德兼備、品格高貴的人，真的很偉大。我也希望你能夠成為這樣的人。

大家都說宮廷是個充滿虛偽、謊言、表裡不一的世界。我並不這麼認為。我要大聲疾呼：這種「一般見解」不見得正確。

的確，宮廷之中充滿虛偽、謊言、表裡不一。但這些現象不只發生在宮廷，在其它的地方也是如此。

就算是農夫聚集的農家，也會發生類似的情況！所不同的，只是禮儀規範較差罷了。農田相鄰的農夫，會去思考如何比其他農夫收成更好、出貨量更多，由此展現行動。在大地主面前，拼命擬定作戰計畫，希望自己能夠得到大地主的喜愛。這和宮廷人士想要討主子的歡心並沒什麼兩樣。

鄉下人天真純樸，不會撒謊，宮廷人虛偽、做作，這是詩人筆下的描述。但是，只有笨蛋才會相信這種說法。事實勝於雄

辯。不論牧羊人或宮廷人士，同樣都是人，心中的感覺和想法相同，只是作法不同罷了。

▶ 別理會抱持「一般見解」的人

動不動就抬出「一般見解」的人，多半是跳梁小丑。真正聰明的人不需要搬出這種理論。這些必須依賴毫無可取的論調而生活的跳梁小丑，實在可悲。

在社會上，關於常識或職業，都存在各種一般見解，其中有的正確、有的錯誤。但是，缺乏主見的人會使用「一般見解」來裝飾自己。

面對動不動就提出一般見解的人，我會嚴肅以對，問他：「是嗎？然後呢？」這時，那些沒有自信的人，就會馬上束手無策，無言以對了。

結論是：能夠確立自我的人，懂得自我表達，不需要依賴一般見解，隨時都能夠提供話題。對於一般見解，他們根本不屑一顧，而能夠說出一些使對方聽了也不會覺得無聊的睿智話題。

2 「再思考一次」 會發現正確的解答在意外之處！

你已經到了能夠對事物深思熟慮的年齡了。同齡的年輕一輩很少有人能夠辦到這一點。但是,我希望你能夠養成對事物深思熟慮的習慣。這樣才能夠追求真理,得到正確的知識。

不過,坦白說,我在十六、七歲時也還無法自己思考,對於書上的內容總是囫圇吞棗,全盤接受交往的人所說的話,完全不去思考其正確性。

當時我認為,與其煞費苦心地找尋真實,還不如享受快樂。由於怕麻煩,再加上貪玩,以及對上流社會獨特的想法產生反抗,所以很多事都不求甚解。

結果,非但不懂得區分事物,甚至產生了偏見;不但沒有追求到真理,反而培養了錯誤的想法。

一旦立志要自己思考而展開行動,竟驚訝地發現自己對事物的看法完全改變了。儘管以往自己是用錯誤的想法觀察事物,但是,等到自己能夠自行思考,就會井然有序地進行觀察了。

當然,我現在也可能是採取他人所給予我的想法觀察事物。長年以來,別人所給予我的想法慢慢地已經變成我自己的想法了。不過,等到能夠依靠自己的力量思考,就能夠區分以往的想法是否正確。

▶　「認定」與「偏見」會讓人深受其害

我最初的偏見（少年時代對於妖怪、亡靈、惡夢等所持的錯誤看法除外）是我認為：古典是絕對「正確」的。我閱讀了很多古書，並接受老師的指導，對古書所記述的一切深信不疑。

我認為，在這一千五百年內，世界上根本不存在良知、良心。有良知、良心的東西已隨著古希臘、羅馬帝國一起滅亡。我認為，赫曼和巴基爾的古典才是正統的。彌爾頓、塔索是現代人，因此，他們的古典見識並不正統。

但是，現在我的想法改變了。我認為，三百年前的人和現代人相同，因為大家都是普通人，只是有些習慣、做法、因為時間的改變而不同罷了。古往今來，人性都沒有改變。動植物與一千五百年前、三百年前相比，並沒有任何進化。而一千五百年前或三百年前的人，也未必比現代人勇敢、聰明。

有學者氣息的教養人士多半是信奉古典的人，否則就是對現代陷入痴狂的人。但是，不論古代人或現代人，都有其優缺點。

我篤信古典，當然對於宗教也存有很大的偏見。有一陣子，我深深相信如果不加入英國國教會，即使是世上最正直的人也無法得救。

人類的想法與意見很難改變，自己的意見和他人的意見不同，這是很平常的事。雖然意見不同，但只要是嚴肅認真的意見就好，雙方要抱持互相寬容的態度。

為了讓自己更醒目，我甚至愚蠢地想要變成放浪不羈的人。因為我聽說，在社交界，放浪不羈的人能夠吸引眾人的目光。因此，我未假思索地以此為目標。也許是因為我害怕被我自己當成

目標的人所嘲笑吧！

　　但是，現在我卻一點也不害怕了（到了我這個年紀，當然如此）。就算見識廣博的人、傑出的紳士，一旦成為放浪不羈的人，就會抹黑自己的人格。希望得到這些人認同的人，反而會降低自己的人格；不但無法掩飾自己的缺點，反而會暴露自己的缺點。「偏見」真的是很可怕的東西。

▶ 「看似理所當然的事」最難應付

　　對於你所認為的愚蠢、錯誤的想法，最好能夠認真思考。那些擁有高超理解力、想法堅定的人也可能怠忽追求真理，欠缺集中力、洞察力與省思力。

　　比如說，有史以來，大家一直對「專制政治無法培養出真正的藝術與科學」這個說法深信不疑，認為自由一旦受到限制，才能勢必被封閉。這種想法看似理所當然，但我很不以為然。

　　像農業等技術，依政治形態的不同，一旦無法保障所有地或利益時，的確很難進步。但是，專制政治真的能夠壓抑數學家、天文學家、辯士等的才能嗎？老實說，我不曾聽說過有這樣的實例出現。

　　的確，在受限於專制政治下，詩人、辯士無法自由表現自己喜歡的主題。不過，他們傾注熱情的對象並未被剝奪。只要擁有這方面的才能，就不用害怕受到他人壓抑。

　　法國的作家就能夠證明這是錯誤的想法。像高乃依、拉辛、莫里哀、波瓦諾、拉封丹等人的才能，在路易十四世的壓制下，還是開了花，結了果。

　　奧古斯都時代的優秀作家之所以能夠發揮才能，我以為，是

因為暴虐無道的皇帝控制了羅馬市民的自由所致。

此外，書信的價值也不是自由風潮下的產物。掌握絕對權力的教皇雷歐十世，以及進行獨裁政治的佛朗索瓦一世都對之進行獎勵與保護。

但是，你千萬不要誤解我贊成專制政治。我最討厭獨裁，因為壓制人民的確是侵犯人類基本權利的罪行。

▶　首先要思考：「這是不是自己真正的想法？」

希望你能夠養成用自己的頭腦思考事物的習慣。要逐一檢查自己的思考方式，是真的自己所思考的，還是接受他人的教導而思考？是否存有偏見或執著？要從這些地方開始探索。

如果不存偏見，就要傾聽眾人的意見，用自己的頭腦思考其正確性，綜合所有的意見，歸結出自己真正的想法。

儘早讓自己做出判斷，較不會後悔。人類的判斷不可能永遠都正確，但思考的確能減少很多錯誤。能夠彌補思考之不足的就是書籍以及和他人的交往。但是，不論是書籍或與他人交往，都絕對不可過度相信，因為那只不過是神給予人用來幫助判斷力的方法罷了。

雖然看起來有點麻煩，但為了節省許多人的工夫，「思考」作業絕不可放棄。

3 沒有自制心，即使「學識豐富」也枉然

有優點與道德的行為，就相應地會有缺點與不道德的行為。所謂一失足成千古恨。過度寬容就是放縱，過度節省就是吝嗇。勇氣會讓人變得肆無忌憚，小心謹慎會讓人變成膽小鬼。

為避免缺點，就要避免做出不道德的行為，並要注意培育本身的優點與道德。

不道德的行為毫無自身之美可言，應當不屑一顧，更不必去探討或深入研究。

道德的行為本身就是美，乍看之下，往往會令人心神嚮往，深受吸引，陶醉於其中。

需要正確判斷的，就是這個時候。為了讓道德行為持續成為道德行為，為了讓優點持續成為優點，就要鞭笞想要陶醉於其中的自己，不要踏錯任何一步。

我會舉這種例子，就因為有時我們會陷入「學識豐富」這個優點的陷阱中。

即使擁有豐富的知識，如果缺乏正確的判斷力，他人可能會在背後批評你「俗不可耐」、「只愛耍小聰明」。你必須努力培養各種知識。但為了避免掉落到許多人都容易踏入的陷阱，從現在開始，你就得小心謹慎了。

▶ 沒有「謙虛」之心，就無法說服他人

學識豐富的人，對知識充滿自信，對他人的意見卻多半充耳不聞，執著於用自己的判斷決定一切。

結果，被壓抑的人感覺到自己受到侮辱，心靈受創，從而就不可能乖乖地服從你，而會忿怒、反抗，甚至訴諸法律。

為避免發生這種情況，知識量越多，越要小心謹慎。對於確信的事物，也不要表現出十分確信的樣子。陳述意見時，要語帶保留，不要把話說得太滿。想要說服他人，就要側耳傾聽他人的意見。擁有這種「謙虛」的心很重要。

如果你不想被人說成是假學者、俗不可耐的傢伙，或討厭他人說你沒有學問，那麼，最好的應對策略就是不要被知識所惑。要和周圍的人一樣，用相同的方式說話。不要咬文嚼字，只要單純地傳達內容即可。避免突顯自己的偉大，或刻意標榜自己擁有豐富的學識。

知識就好像懷錶一樣，要將其塞在口袋裡。不可為了展示，而在不必要的時候掏出懷錶，告訴他人某時某刻的時間。除非有人詢問你時間，否則不要回答。因為你並不是一名報時者。

沒有學會，會造成困擾。它就像對你有幫助的裝飾品一樣。若他不是戴在身上，就會讓你覺得難為情。為了避免犯下前述的過錯，你要小心謹慎。

4 沒有根據的話，
不能「信以為真」

今天好累好累，有一位學識豐富的紳士前來拜訪，我們還一起共度晚餐時光。

寫到此處，你是否會認為我很快樂？但事實上，我很累。

這個人既不懂基本禮貌，也不擅長交際應對，簡直就是所謂的「笨蛋學者」。

他總是說一些沒有根據的話，令人厭煩。

可能是因長期間封閉在研究室中，對所有的事都曾深思熟慮，已確立自己的論調，因此，面對其他事，都會抬出自己的看法。每當我想要岔開話題，他就會瞪大眼睛，表現得很忿怒。他認為自己的說法正確無誤。遺憾的是：它們缺乏現實性。

他鑽研學問，但缺乏與他人交往；雖然熟悉學問，對於人類的本性卻完全無知。

他想要將自己的想法用言語表達出來，卻言語枯燥。他的說話方式十分粗魯，動作誇張。與其和這種學識豐富但不禮貌的人說話，倒不如和略懂世間事物、缺乏教養的長舌婦說話更好吧！

▶ 不懂得「人情世故」會造成他人的困擾

不懂得人情事故的人，會讓人覺得疲累萬分。如果你插嘴告訴他：「在社會上，這麼做是行不通的。」他也會充聞不聞。一

旦打開話匣子，話就說個沒完。這種人絕不會耐心地聆聽他人把話說完，真是令人討厭。

對於人類的頭腦、心靈、理性、意志、情感、感覺、悲傷等一般人未考慮到的部分，他們都加以細分，研究、分析人類，確立自己的理論，所以絕不可能輕易撤退，而會堅持自己的想法。

我認為這樣也不錯。可惜的是，他們並沒有實際觀察他人或與他人相處，不道世界上存在著各種不同的人，擁有各種不同的習慣、偏見與嗜好。亦即對於實際的人類完全無知。

例如，在研究室發現「人類在被他人稱讚時會很高興」，雖然自己也想實踐這個做法，卻不知道如何著手，結果就變得口不擇言了。

一旦稱讚的時間、場合、對象、話語都不對，還不如不說的好。他們的腦海中只想到自己的事，並沒有注意到周圍的人正處於何種狀況、應該和他們說些什麼、或者甚至根本就不想去注意這些事。

結果，在想到的時候，就突然迸出稱讚的話語，讓被讚美的人感到迷惑、徬徨，不知如何是好。

▶ 人可以變成任何顏色

不懂得人情世故的學者，就像牛頓透過三菱鏡觀察光一樣，會將人以顏色分類，認為這個人是這個顏色，那個人是那個顏色。但經驗豐富的染布店老闆就不一樣了。他知道顏色有明亮度、彩度。看似單色，其實裡面混合了多種顏色。

這世上沒有單色構成的人類，多多少少都會摻雜一些其他顏色或影子。此外，就像絲緞遇到光時會變成任何顏色一樣，人也

會配合狀況，變成任何顏色。

　　了解人情世故的人多半都知道這一點。但是，與社會隔離、把自己關在研究室中而充滿自信的學者就不了解這一點了。他們不用頭腦去思考這個問題，因此，就算想要實踐學會的東西，也不得其法。就好像沒有看過他人跳舞，也沒有學過舞蹈的人，就算懂得看樂譜，了解旋律與節奏，也依然無法跳舞一樣。

　　能夠用自己的眼睛去看、用自己的耳朵去聽而了解世間萬事的人就不是如此。他們懂得掌握稱讚他人的時間與地點，亦即像醫生一樣能夠配合病人的狀況投藥。

　　他們很少直接稱讚他人，而是會相當委婉地應用比喻、暗示的方式來讚美對方。

▶ 不可或缺的「平衡感」

　　我想你應該沒有見過知識、人格都很拙劣的人能夠在對手未察覺的情況下高明地操縱優秀的人吧！我曾見過這樣的例子。因為這些拙劣的人善用小聰明，讓有知識、有人格的人，陷入人情的盲點之中。

　　自己親眼觀察、實際體驗而了解世間的人，根本上和單純透過書本了解世間的人不同，是更優秀的人。就好像受過訓練的馬比驢子更管用一樣。

　　要將你到目前為止學過、看過、聽過的事總結起來，加上自己的判斷，成為自己的人格與行動方式，鞏固自己的禮儀規範。剩下的，就是要了解世間的情況而自我磨鍊。可以看些描述世間情況的書，將書上的內容和現實情況加以比較。

　　例如，上午看一些拉·羅士福科的格言，深入考察。晚上，

將其應用在社交場合中見到的人身上。

　　如果看了拉‧布留耶爾的書，就可以在夜晚的社交場合中實際確認其所描繪的世界是何種情況。

　　在書上會有很多關於人心動向、情感動搖等的描述。閱讀後，要實際踏入社會加以觀察，否則好不容易得到的知識也無法活用，甚至會朝錯誤的方向前進。這就好像關在房間仔細觀看世界地圖，卻無法了解整個世界一樣。

5 培養「說服力」的最簡單方法

今天，我要詳細地告訴你，有關我向上議院提出，將在英國實施的儒略曆改成格雷哥里曆的事。

儒略曆是比太陽曆超過 11 天的錯誤曆法，這是眾所皆知的事。教皇格雷哥里十三世將它加以修改。結果，格雷哥里曆立刻被歐洲天主教勢力所接受。接著，除了俄羅斯、瑞典及英國之外，所有的新教勢力也都接受了。

歐洲主要勢力都採用格雷哥里曆，英國卻還在採用錯誤百出的儒略曆。我認為，這是很丟臉的事。不只是我，往來海外的政治人物、貿易商等等，很多人都覺得它相當不便。

因此，我下定決心，展開提議修改英國曆法的行動。

▶ 改寫一國歷史的說話技巧

首先，我得到了代表國家的幾位優秀的法律家、天文學家的協助，製作法案。到此地步，我才真正體會到辛苦。法案中有很多法律專門術語，以及天文學上的計算，我對於這方面的知識遠遠不夠。

要成立法案，我應該具備一些知識，而且要讓議會的人知道。對那些和我一樣不熟悉這方面知識的議員，也應該讓他們有所理解。

要我運用還記得的凱爾特語、斯拉夫語說明天文學並不難。

但是，議員們對於艱難的天文學話題根本不感興趣。因此我不再羅列專門術語或說明內容，只想努力抓住議員諸君的心。

我盡己所能地以有趣的方式說明從埃及曆到格雷哥里曆的經緯，同時特別注意自己的遣詞用句、文體、說話技巧與動作。

議員們總算有點了解了。不需要科學的說明，只要這麼做，他們就能夠明白我話中的意思。

繼我的說明後，由在製作法案上比任何人都賣力的歐洲第一數學家、天文學家馬克雷斯菲爾德說明專門知識。但是，大家都不喜歡他的說話方式，反而對我稱讚有加呢！世上的事就是這麼的奇妙。

當你聽自己推崇的人說話時，會覺得他的談話內容很棒，這是因為你已深受此人的人格所吸引。

▶ 內容的枝葉部分最重要

如果你認為自己想要傳達的內容不假任何修飾，只要井然有序地敘述即可，那你就錯了。在人前說話時，重點並不在於談話的內容，而在於你是否能言善道。

在私人聚會時，想要掌握人心，或在正式場合想要說服聽眾，重點都不在於內容，而在於個人的情緒、表情、動作、品格、聲音的抑揚頓挫、有無方言口音，以及所強調的部分等，亦即所謂枝葉的部分。

我認為，這個國家中最會演講的人，除了彼得以及司法大臣穆勒之外，沒有人能夠讓整個議會鴉雀無聲，一片祥和。這兩人的演講，能夠讓喧鬧不休的議員保持安靜，一心一意地聽他們所演講的內容。全場一片寧靜，甚至連大頭針掉落地上的聲音都聽

得一清二楚。

　　為什麼這兩個人的演說具有如此大的威力？是因為內容很棒？還是因為他們擁有強而有力的證據呢？

　　我也是他們的忠實聽眾之一。回到家後，我仔細思索，發現他們所說的並不是什麼驚天動地的內容，主旨也不具說服力。總之，都是一些虛張聲勢的調調。但是，我竟深受其吸引。

　　沒有任何修飾或井然有序的說話方式，只有在具有知識的二、三人私人聚會中具有說服力和魅力。反之，在以眾人為對象的公開場合中，這種演講方式肯定起不了很大的作用。

　　世間就是如此。我們並不是想要藉由聽演說而學習一些什麼，只是選擇讓我們聽起來很快樂的說話方式。人類原本就不希望被人指導，因為這樣會顯得自己無知。因此，如果想要讓演說自然地進入他人的耳朵，得到眾人的稱讚，首先就要採取他人能夠欣然接受的演講方式。

　　這對於不擅長演講的人來說，具有很重要的參考價值。

藉由磨鍊提高自己的「說話能力」

怎麼做，才能夠成為一個很會說話的人？

最好的方法就是多看書、多寫文章。

而且，要期許自己在社會上成為偉大的人，經常磨鍊會話，學會正確、高尚的說話方式。閱讀古今各國雄辯家所寫的書，也是相當有效的方法。

▶ 錯誤的「閱讀方式」

實際上，以前述的目的看書，必須注意文體、詞彙的用法。要思考更好的表現方式，並想想如果自己也寫出相同的內容，是不是哪些地方會顯得拙劣呢？

即使是題裁（主題）相同的書，也會依作者的不同而有不同的表現方式。要仔細探討它們給人的不同印象。再怎麼棒的內容，如果遣詞用字的方式奇怪、文章缺乏品位、文體不夠通俗，還是難以引起讀者的興趣。

▶ 說話、書寫方式都要加上自己「獨特的風格」

自由交談或寫信給親友，擁有自己的風格很重要。

必須重視說話之前的準備工作。如果這一點做不到的話，那麼，在說完話後，必須重新思考有沒有更好的說話方式。這樣做

就可以找出毛病，才能進步。

▶ 實際發出聲音，用自己的「耳朵」確認

仔細觀察那些深受歡迎的演員的說話方式，會發現他們發音清楚，在正確的言詞上總是加重語氣。

語言是用來傳達意念。無法傳達意念的說話方式，當然無法吸引他人的注意。

你可以每天朗讀書本給哈特先生聽，請哈特先生針對換氣、強調的方式，以及閱讀速度等，指出不恰當之處，然後一一訂正。閱讀時要張開嘴巴，一字一句都要清楚地發音。一旦說話太快或不清楚，就要及時改正。

一個人做練習時，要用自己的耳朵仔細聽。最初要慢慢地唸，留心改善你說話太快的習慣，免得人家聽不清楚。

▶ 設想「辯論」的場面，訓練將自己的想法整理成文章

提出一些社會問題，思考贊成與反對的意見，設想辯論的場面，儘量用正確的言詞表現出來。這是很好的學習。

例如，關於強化防衛力的問題。反對意見之一，就是強大的軍事力量會威脅到周邊國家。贊成的意見之一，則認為國防就是要以力量對抗力量。

思考贊成方與反對方兩派的理論，歸納出自己的想法，寫成優雅的文章。這種方法可施用於議論的練習，培養說話的技巧。

▶ 要以「聽眾的需求」為優先考量

我曾說過，想要控制人，就不宜做過高的評價。演講時，要

取悅聽眾。因此，重要的是：對聽眾不可做出過高的評價。在我最初擔任上議院議員時，覺得議會內聚集的全都是值得尊敬的人，讓我產生一種壓迫感。但是，當我了解議會的實情之後，這種壓迫感就消失無蹤了。

據我的了解，560 位議員當中，只有 30 人頭腦清楚，其他的幾乎都是凡人。所以，要求藉由高尚的言詞修飾深具內容的演講者只有這 30 人，其他議員根本就不在乎內容，只希望能夠聽到令他們感覺舒服的演講就夠了。

了解了這一點之後，演講時我就不再緊張了。我完全不在意聽眾，只集中精神在談話內容與說話的技巧上。而且，我認為我自己已具備足夠的判斷力，能夠進行具有某種程度的演說。

雄辯家就好像具有才幹的鞋匠一般，只要抓住聽眾、顧客的需求，其他事就可以如同機械般地完成。如果你想得到聽眾的喝彩，就要使用能夠滿足聽眾的方法進行演說。能夠抓住聽眾的心與感受的演說者，才可能受到聽眾的喜愛。

7 「名字」要寫大一點

前些日子，有一張由你簽名，面額 90 鎊的簽單寄回來。我不想支付。問題不是出在金額上。以前你都會先寫信和我商量，而這件事，你並未來信中提及。

更糟糕的是，我根本沒有看到你在哪兒簽名。後來用放大鏡一看，才發現你把名字簽在最下方。這好像是不識字的人畫「X」的記號，沒想到卻是你的簽名。我不曾看過這種字小到幾乎察覺不到的簽名法。

紳士或商業人士，習慣擁有相同的簽名方式，希望藉此讓交往的對方習慣自己的簽名，以免自己的名字被人冒用。一般人簽名時，會簽得比其他文字更大些。但是，你的簽名卻比其他文字更小，而且十分草率。

看到這樣的簽名，我不禁懷疑你當時是否置身於不良的狀況中。如果閣僚送來這種簽名的信，可能是機密文件的暗號。因為這根本不像是正常人寫的字。

▶ 至少要先完成一半的工作

也許你會說，因為過於倉促，所以簽出如此難看的名字。但是，你為什麼要讓自己如此匆忙呢？

有知性的人，就像遇到緊急狀況，也會從容不迫。慌亂只能造成損失。因此，就算正忙完成工作，也不能草草了事。

　　做事謹慎的人會慌亂，是因為交給他太沉重的工作。但是，慌亂會讓自己的頭惱混亂，不知事情從何做起。

　　對此有概念的人，在完成工作之前，會先撥出必要的時間，做好萬全的準備。就算時間緊迫，也會趕緊完成一項工作。亦即經常何持冷靜、沉著的態度，不慌不忙地完成一件工作後，才會著手進行下一個工作。

　　你有很多事要做，也許時間不夠用。但是，也不能夠馬馬虎虎。至少要先完成一半工作，剩下的一半暫時擱置。

　　沒有這種教養的人，就會寫出醜陋的字，毫無品位。就算匆忙之間賺到了幾秒鐘，對你也毫無幫助。

CHAPTER 6

擁有「值得交往」
的朋友是一生的財富

真正的朋友在精神方面的感應，和狗的嗅覺一樣靈敏；他們
能體會到朋友的悲傷，猜到對方悲傷的原因，老是在心裡牽
掛著。

——巴爾扎克《邦斯舅舅》

朋友是反映自己「未來」的鏡子

接到這封信時，想必你已在威尼斯度過熱鬧的節慶，正前往特里諾準備學習了吧！希望你在特里諾期間，能夠好好學習。老實說，我從不曾像現在這麼擔心你。

聽說特里諾的專科學校中有很多風評不佳的英國人。我很擔心你以往建立的一切（聲譽）會蕩然無存。不知道他們會是一些什麼樣的人？聽說他們會集體鬥毆，做一些無法無天的事，或是彼此勾心鬥角等等。

如果只是泛泛之交還沒什麼大問題。但我聽說，若不加入他們的行列，他們就會對你施壓或不停地說服你。如果仍未得逞，就會耍權術。對你這種經驗尚淺的年輕人，使用這種方法非常有效。一旦被施壓或對方強力引誘，你很可能招架不住。希望你能夠遠離這些是非。

年輕人通常很難拒絕他人的請託，認為這樣有損顏面。而且，也不想讓人家對自己抱持不好的印象，自己更不願脫離同伴。如果對方是好人，則配合對方、取悅對方，當然會產生好的結果。但是，如果對方是壞人，那麼你就會被對方所誘惑而產生不良的後果。

當然每個人都有缺點，但千萬不要模仿他人的惡行，讓自己的缺點在無意中增加了。

▶ 「冷暖適中的友情」才是真正的友情

在特里諾大學有各種各樣的人。你最好別渴望立刻就能和這些人建立友好關係。真正的友情絕不是如此輕易就能得到，必須花費一段長時間互相了解。不這樣做，無法培養出真正的友情。

年輕人之間難免會存在一些虛偽的友情。某些人一下子對你噓寒問暖，一下子又對你冷若冰霜。偶然相識的幾個人，一起為非作歹、狂歡，接近酒與女色——這絕不是什麼偉大的友情！

視彼此的關係為友情，動不動就進行金錢借貸，為朋友兩肋插刀，與他人起爭執。這樣的人因為某種原因而關係不睦時，就會翻臉跟翻書一樣，毫不留情地傷害對方。一旦關係破裂，就不再體貼對方，甚至會背叛以往建立的「信賴關係」。

朋友的意義和這些人不同，不能夠說在一起感覺快樂的人，就算是好朋友了。

▶ 不可草率對待無聊的人而樹敵

事實上，要觀察一個人的品格；從某人擁有什麼樣的朋友，就可以斷定這個人所得到的風評好壞。

有一則西班牙的俗諺：

告訴我，你和誰一起生活？
這樣一來——
我就知道你是什麼樣的人。

擁有不道德或愚蠢的朋友，有一天，你極可能被他所背叛。

　　但是，當不道德或愚蠢的人靠近你時，你也不必很明顯地過於敷衍他們，以免樹敵。雖說他們不值得成為你的朋友，但是與他們為敵也不是上策。

　　最好是保持中立，不要視他們為敵人，也不要當他們是好朋友。這才是安全之策。惡行與愚行都是令人憎恨的，但不要抱持敵對的態度。一旦抱持敵意，後果就不堪設想了。

　　最重要的是，要分辨對象是誰，什麼事可以說、什麼事不能說，什麼事可以做、什麼事不能做。總之，進退之間要拿捏得宜。

　　事實上，很少人能夠正確地辨別是非，通常都只會在意小事。你要保持沉默，多看、多聽。因為，隨意吐露自己的想法或自己知道的事，也可能會樹敵。

2　與何種人交往，才能夠發揮自我？

　　既然談到朋友的話題，接著，就來談談應該和什麼樣的人交往比較好、比較有益。

　　首先，儘量和比自己優秀的人交往。這樣，自己也會變得更優秀。反之，和比自己程度低的人交往，自己也可能變成泛泛之輩。以前我就說過，人會因為交往對象的不同而改變自己。

▶ 與他人交往，要看「上」不看「下」

　　在我眼中，所謂「傑出的人」，並不是指擁有良好家世或地位，而是指擁有內涵，其傑出被大家所公認的人。

　　「傑出的人」大致有兩種。一種是在社會擁有主導地位、在社交場合展現活躍的行動等，社會上的頂尖人士。而另一種，就是擁有特殊才能或人格特質的人，亦即在某方面的學問或藝術上相當優秀的人。

　　當然，並不是你個人的認定即可，而是當地人也認為他是「傑出的人」才行。雖然也有一些比例之外的優秀人物，不過，最好還是選擇和這些人交往比較好。

　　某些擁有各種人士的團體，老實說，你想加入，就必須厚著臉皮，或經由重要人物介紹。但是，參與這種團體，能夠觀察到擁有各種不同人格以及道德觀的人，這也是一種樂趣。

　　總之，你應當交往的主流就是那些傑出人士，會令人皺眉的團體，絕對要敬而遠之。

　　因此，即使是身分、地位較高的人聚集的團體，但如果不被當地人視為是傑出的團體，那麼，你最好不要加入。就算身分再高，但頭腦頑固，不懂得一般常識禮儀的人，也毫無可取之處。

　　當然，學識豐富的人聚集的團體，也必須慎重觀察。有些在社會上備受重視、尊敬的團體，也不見得適合交往。因為他們不知道如何享受快樂的情緒、不了解人情世故，只知道研究學問。

　　如果你擁有能夠加入這種團體的才幹，時常到那裡露臉，那也不錯，藉此能夠提高你的評價。但是，要考慮是否真有必要加入這種團體。因為這些多半是由不懂得人情世故的學者所組成的團體，對你的幫助恐怕不大。

▶ 「適可而止」的交往方式很重要

　　才氣洋溢的人物或詩人，幾乎是所有年輕人都希望結交的對象。如果自己有才氣，當然就能夠快樂地與這些人交往。而沒有才氣的人與這些人交往，也會引以為傲。不過，與這些才華洋溢，深具魅力的人物交往時，不可喪失判斷力而一頭栽進去，要採取適可而止的交往方式。

　　所謂才智，不見得能夠讓人完全欣然接受。相反地，有時還會令人害怕。

　　一般而言，周遭的人都很怕看穿這些人的優良才智。這就像婦女看到槍會害怕一樣。她們害怕一旦槍的安全裝置鬆開，子彈就會飛向自己。

　　但是，和這類人交往、親近，確是有意義而快樂的事。只不

過，就算他們多麼具有魅力，也不是說可以完全擺脫他人，只一味和這些人交往。

▶ 人會因為交往的對象，提高或降低自己的程度

我建議你，要避免和程度較低的人交往。人格較低、道德較低、頭腦笨拙、社會地位較低，甚至毫無可取之處的人，你根本不需要與他們交往。這些人為了和你交往，連你的缺點他們也會加以稱讚。

雖然這是理所當然的事，但是，我仍然要提醒你注意。因為我認為這關係到你的將來。我曾親眼目睹那些原本能夠鞏固社會地位的偉人和一些不應該交往的人結交之後，信用破產，開始走向墮落的人生。

最大的問題在於虛榮心。虛榮心會讓人為非作歹。和比自己程度低的人交往，會讓你產生虛榮心。人在團體中，最大的願望就是，希望自己在眾人面前得到稱讚，隨心所欲地驅使同伴。

為了聽到讚美聲而和程度較低的人交往，結果將是如何呢？最後自己也變成和他們相同的程度，無法再和傑出的人交往了。

人會因為交往的對象而提高或降低自己的程度。你不妨藉由所交往的對象，自己去印證這一點。

3 如何和比自己「更高一級」的人交往

我至今仍然記得自己第一次在社交場合經人介紹，認識一些傑出人物的情景。當時，我唯唯諾諾地站在這些大人物面前。雖然想要表現優雅的舉止，但鞠躬時，頭比其他人放得更低；想要鎮靜地回應他人的話，嘴巴、手腳卻不聽使喚，也無法清楚地表達自己的意見。

當別人竊竊私語時，我總認為他們是在討論我。我覺得在場的所有人都對我指指點點，好像是在批評我是個笨蛋那般。

有好長一段時間，我覺得自己宛如服刑的犯人一樣。

事實上，能夠和比自己「更高一級」的人交往，自我磨鍊，是一件好事。我當時停留在該處，心想：我一定要融入這種場合才行。

下定決心後，我感覺輕鬆了許多。後來，我不再做出難看的鞠躬姿態，說話也不再結巴，終於能夠對答如流了。

▶ 自己創造「好的關鍵」

在這種場合，每當我感到困惑時，很多人都會過來和我說話，安慰我，給我勇氣。

我曾經鼓起勇氣，向一位高貴的婦人問候道：「今天天氣真好。」那婦人也禮貌地做了回應。但是，接下來我就不知道要說

些什麼了。

　　這時，那婦人再度開口：「不要害怕！我知道你是鼓起勇氣和我說話。但如果你因為害怕而打消與這裡的人交往的念頭，那就太遺憾了。你必須完全放鬆。接下來，只要找出方法就行了。你並不像自己所想的那麼沒用，只要累積學習的經驗，就能夠成為傑出的人。如果你願意跟在我身邊學習，就能夠成為我的愛徒，我也會為你介紹一些朋友……」

　　我一聽，大為高興，對她說：

　　「謝謝您！我對自己的舉止沒有自信，這是有原因的，因為我不習慣和那些傑出人士交往。但是，如果您願意收我這個徒弟，我會很高興地跟您學習。」

　　婦人於是找來了三、四個人，用法文（因為當時我正在法國）對他們說：

　　「各位，我決定教育這個年輕人。我很高興，因為他一定很崇拜我，否則不會來到我身邊，鼓起勇氣對我說：『今天天氣真好。』希望大家都能夠幫忙，一起指導這個年輕人。這個年輕人需要一些示範。如果我不能夠成為他適當的示範，那就幫我找其他的好老師！但是，不可為他挑選歌劇歌手或女演員！和這些人在一起，非但得不到磨鍊，反而會失去財富與健康，甚至連思想都會墮落呢！」

　　這番話令在場的那三、四個人開懷大笑，我則一本正經地站在那裡。我不知道這個婦人是認真的，還是在嘲笑我。我既高興又難為情，時而勇氣百倍，時而沮喪地聽著這一切。

➤ 「幹勁與不屈不撓的精神」是與他人交往的必要條件

後來，我才知道這位婦人和她所介紹的朋友總是在人前保護我。這讓我漸漸地產生自信，不再難為情，只要發現好的示範，我就會認真傚仿。後來，我終於能夠以更自由的心情來模仿，最後也能夠加入自己的方法了。

如果你希望自己能夠為他人所愛，在社會上出人頭地，那就要抱持幹勁與不屈不撓的精神。

4　培養以「一般見解」來評價對手的眼光

> 不要試圖交到一個完美的朋友，朋友也不是越多越好。
>
> ——佚名

年輕人容易給予人或事物過高的評價。但是，人並不是像你所想像的那麼富於理性、理智的動物。一旦受到感情的支配，人就很容易崩潰。

一般來說，有能力的人並不是絕對的。某人被稱為「有能力」，只不過是與他人比較後所得到的評斷罷了。亦即他比一般人缺點更少，處於優勢地位。

他懂得自制，會藉由減少缺點，駕馭大多數。而且，他能夠訴諸理性，控制一切，不會愚蠢地模仿。他能夠巧妙地控制感情或感覺，所以不容易失敗。

但是，把眼光放遠一點看，就算是那些被視為偉大、完美的人，也必有一些缺點。那位偉大的布爾塔斯就是如此。馬凱德尼亞不是曾經當過小偷嗎？法國的樞機主機黎塞留也是如此，為了讓自己的詩才能夠得到較高的評價，他做了一些不當的模仿。馬爾巴拉公爵也不例外。你不覺得他很吝嗇嗎？

如果你想知道人到底是什麼，那麼，可以看看拉・羅士福科公爵所寫的《箴言集》（《Maxims》）。每天要花點時間閱讀

這本小冊子——書中對於人類原有的心態做了詳細的描述。

看過這本書之後，你就不會再給予人類過高的評價，但也不至於因此而任意地貶損他人。

▶ 「快活」和「謹慎」是討人喜歡的祕訣

像你這種年紀的年輕人，充滿活力，如果不為你們鋪好正確的道路，恐怕你們會誤入歧途。總之，多一分謹慎，就會讓自己更加受人歡迎。

要捨棄年輕人的浮躁，擁有快活與開朗的心，堂堂正正地加入他人的行列。有時候，年輕人的善辯會觸怒他人，但充滿活力的表現也會吸引人心。

可能的話，要預先調查即將見面之人的性格，以及自己會置身於何種狀況。這樣，對於其後的發展必有所幫助。

和你交往的人當中，不見得都是有良心的人，也有人品性不良。不論如何，你要善用一般見解，稱讚幾乎符合所有人的優點，盡量寬容他們的缺點。這樣就不會傷害到任何人了。

▶ 能做到「忠言逆耳」，才是真正的朋友

人一旦置身於比自己更優秀的人當中，就會覺得自己總是被他人品頭論足。看到他人竊竊私語，就覺得他們是在談論自己；聽到他人發出笑聲，就認為他們是在嘲笑自己。對於一些不明其意義的事，也常常「對號入座」，認為所有的相關話題都是針對自己而來的。

斯克拉布在《計略》（《Stratagem》）這本書中寫道：「他們笑得如此大聲，一定是在笑我。」

　　總之，加入比你優秀的人之中，萬一遭遇失敗或挫折之後，你就能更進一步地自我磨鍊。

　　在你因年輕或經驗不足而做錯事時，能夠指出你的缺點之人才是你真正的朋友，你應該對他心存感激。

　　指出你的缺點之人，一定能夠成為你的支柱。一旦你能夠接受他人的指正，就能夠和更多的人親近，身心獲得自由，面對任何人時，也能夠自如地表現自我。

5 將「虛榮心」提升為「上進心」

虛榮心，說的委婉些，就是抱持希望得到他人稱讚的想法。任何時代的任何人都有這種心態。一旦這種心態提高，就會出現愚蠢的言行或犯罪行為。不過，我認為，擁有希望被他人稱讚的心情還是能夠提升自我。

當然，為了達到這個目的，必須擁有能夠加以配合的周詳思慮及上進心。將目標置於結果上，好好地培養這種心態很重要。

如果沒有抱持希望得到別人肯定或稱讚的心，就會對任何事情都漠不關心，做事失去幹勁，甚至什麼事都不會做。結果，始終無法發揮自己所擁有的力量，從而對於不如自身實力的表現也會甘之如飴。但是，虛榮心強的人就完全不同了，他們會努力讓自己擁有超越實力以上的表現。

事實上，我也擁有別人稱為缺點的虛榮心。不過，我並不認為這是一種遺憾，反而認為它是一件好事。因為虛榮心讓我努力向上。

▶ 優質的虛榮心，創造出「現在的我」

我並沒有什麼非凡的雄心大志。但是，不論做任何事，我都希望得到他人的認同、稱讚，並希望藉此得到人望。因此，對於我自己所展現的行動，我都視之為聰明的行動。

例如，在只有男性聚集的場合，我希望自己是最了不起的

人。至少，我希望自己能夠和在場最耀眼的人一樣傑出、高尚。這種想法開發出我的潛能，就算不能成為第一人，也會成為站前面的第二或第三人。

這時，我成為備受注目的中心。到此地步，我就認為自己所做的一切都正確無誤。我的行事風格成為一種流行，不論是誰，都會暗中模仿我，讓我十分開心。不論男女，任何集會，他們都會邀請我。我甚至能夠影響現場的氣氛。

女士們都很推崇我。在面對男性時，我又好像變形桿菌一樣——在活潑的人之中，我比任何人都活潑；在威嚴的人當中，我比任何人都具有威嚴。而且，我不會忽略別人對我的善意表現與給予我的幫助，總是心存感激。

這樣就能夠讓人家滿意，同時也能夠使雙方更為親近。因此，我能夠很快地與當地的名流紳士和各種人交往密切。

有些哲學家將虛榮心稱為「人類的卑鄙之心」。我不以為然。有虛榮心，才能夠提升我現在的人格。因此，我也希望你能夠和我年輕時一樣，擁有虛榮心。擁有些許的虛榮心，可以讓人力爭上游，也可以讓我們脫穎而出，跑在前面。

6 世間沒有「絕對辦不到」的事！

前些日子，從羅馬歸來的朋友告訴我，你在羅馬深受熱情款待，我聽了十分高興。我相信你在巴黎也一樣會受人歡迎。巴黎的人對外鄉人，尤其彬彬有禮、十分親切，他們都會表現出友善體貼的態度。

但是，你不可因此而感到滿足，還要讓他們知道你也愛他們的國家，並且喜歡他們的態度與習慣，這樣會讓他們更加高興。

不必刻意用語言表現，只要表現在態度上即可。在巴黎接受熱情的款待時，你也要回報對方。我在非洲接受熱情的款待時，一定都會向對方表達最深的謝意。

▶ 「不屈不撓的精神」勝過任何好的教養

你在巴黎受人歡迎，所有的一切，他人都為你安排好了。能夠立刻搬入宿舍住，對此，你要好好地答謝人家。至少，半年內居有定所，可以節省很多時間。但這不是主要的問題。

住在宿舍，幾乎可以認識一半以上的巴黎上流社會的年輕人，當然也會成為巴黎社交界的一員，得到熱情款待。

據我所知，能夠得到這一切的英國人，你是頭一個。就算為此而花錢，我也心甘情願。所以，你不用擔心住宿費的問題。

你的法文說得很流利，希望你能夠立刻融入法國社會，在巴黎過著比任何人都充實的生活。

很多去法國的英國青年都不會說流利的法語，甚至不懂得待人處世的道理，也不懂得如何自我表現。這樣當然無法在法國社會得到美好的回憶。結果就會「退卻」。

絕對不可退卻。不論你所交往的對方是男性或女性，你都不可表現出膽怯、缺乏自信的一面，讓比自己程度更差的人玩弄於股掌之間。做任何事，只要自己認為「辦不到」，就真的「辦不到」。但是，只要努力，對自己說：「一定辦得到！」那麼，任何事都可以辦得到。

有的人不是很優秀，也沒什麼高深教養，但是他很快活、積極、進取，具有不屈不撓的精神，因而受人歡迎。這樣的人不管遇到任何困難，都不會逃避；就算被拒絕二、三次，仍會發憤圖強。最後，他總能貫徹最初的志願，表現出傑出的一面。

你也可以傚仿這種行為。你現在擁有的人格與教養，應該能夠更快、更確實地達到目標。因為你的資質及上進心，我對你深具信心。

> ### 擁有「更換做法的挑戰力」很重要

在現實社會中，擁有才能是大前提。但是，還要加上自己明確的思考。只是，不必在人前暴露出來。同時，要擁有堅定的意志和不屈不撓的精神。這樣就能毫無畏懼。不必刻意向不可能的事挑戰。不過，可能的話，要經常更換不同的方法，去進行挑戰。這樣一來，任何事都辦得到了。如果這個方法不行，就嘗試利用另一種方法，或找尋適合交往之對象的方法。

回顧以往，很多人都憑著堅強的意志和不屈不撓的精神成就事業。例如和樞機主教馬札蘭再三交涉，終於簽訂庇里牛斯條約

的敦・路易・德・亞洛就是其中一人。他藉著冷靜的態度、堅毅不拔的精神進行交涉，對於重點，一步也不肯退讓，最後終於達成了目標。

馬札蘭擁有義大利人開朗與急躁的個性。敦・路易則擁有西班牙人的冷靜、沉著與耐力。在交涉席上，馬札蘭最關心的事就是阻止在巴黎的宿敵康迪再度叛亂。他害怕自己人不在巴黎時，不知道會發生什麼事。因此，他只希望能夠盡早簽定條約，趕緊回到巴黎。

敦・路易看穿了這個破綻，在交涉時不忘提到康迪。為此，馬札蘭甚至一度拒絕與他交涉。但是，態度始終保持冷靜的敦・路易最後還是戰勝馬札蘭和法國王朝的意向與利益，簽訂了對己國有利的條約。

重點在於是否擁有分辨不可能與可能的力量。面對困難或不可能的情況下，如果擁有能打破任何困難的堅強毅力、不屈不撓的精神，以及注意力和集中力，就能夠心想事成。

CHAPTER 7

建立能夠成為自身 力量的「人際關係」

一個人只想到怎樣保護自己的孩子是不夠的，應該教孩子成人後怎樣保護他自己，教他經受得住命運的打擊，不要把豪華和貧困看在眼裡，教他在必要的時候，在冰島的冰天雪地裡或馬爾他島的灼熱岩石上也能夠生活。

——盧梭《愛彌兒》

討好對手是「與人交往」的大原則

我基於長年觀察的結果，告訴你與人交往時要展現什麼樣的行為，希望對你有所幫助。

即使和再棒的人建立友好關係，也別忘了要儘量討好對方。

當你去瑞士旅行時，別人對你十分親切，讓你感到很高興。當時，我曾經提醒你，要寫信向對你親切的人道謝。既然你會因為別人對你親切而感到高興，那麼你也必須對他人親切，相信別人也會像你一樣感到很高興。

這就是人與人相處的大原則。對於所愛的人或尊敬的朋友，要主動討對方的歡心，這樣才能夠讓他高興。與人交往的出發點，就在於擁有一顆體貼對方的心。只要擁有體貼之心，則不論採取任何言行都可以。

任何人都有想要討好他人的想法。但是，在與他人相處時，很少人知道可以讓別人高興的方法。我希望你能夠知道這些方法。其實，那並不是什麼特別的方法。只要能讓自己高興的事，就能夠讓別人高興。

你仔細想想，與人交際時，自己在什麼時候會覺得很高興？如果知道，就做相同的事吧！相信對方一定也會很高興。

▶ 不要將談話當成「個人獨享」的演講

首先，不要自己一個人話說個不停。如果必須長時間滔滔不絕，至少也不要讓聽的人感到無聊，而能夠快樂地聽你說話。

原本交談就不是個人獨佔的行為，要顧慮到在場所有的人。不要忘乎所以、滔滔不絕，你只要說你該說的話即可。

喜歡長篇大論的人，其聽眾多半話說得最少。經常在他人耳邊說悄悄話的人顯然很不懂禮貌。交談是一種共同建立的行為。

萬一你不幸被這類人抓住。對這類人來說，有人側耳傾聽自己說話，是一件快樂的事。而如果自己話說到一半，對方背對著他或露出一副不耐煩的姿態，就會令他大感屈辱。

▶ 配合眾人，成為「氣氛製造者」

說話的內容要投在場的人之所好，也要為他們選擇話題。歷史、文學、外國的話題等，應該會比天氣、流行的服裝或八卦消息更受人歡迎吧！

當然，有時也需要一些輕鬆的話題。尤其在不同形態的人聚集時，這類話題最適合用來共同談論。

遇到需要交涉的事情，如果現場氣氛凝重，無法繼續討論下去，可以藉著輕鬆的話題，暫時緩和氣氛。這時，說一些時下流行的話題並不可恥。例如，有關食物、酒的話題等都可以。

要配合對象，改變話題。政治家有政治家的話題，哲學家有哲學家的話題，女性的女性的話題。

人生經驗豐富的人，懂得配合談話的對方，自由自在地改變話題。這並不是邪惡或卑劣的態度，而是與他人交往時不可或缺

的潤滑劑。

　　自己不必勉強成為氣氛製造者，但是，要配合眾人。要懂得掌握氣氛，時而嚴肅、時而活潑，甚至開開玩笑。這在公眾集會中也算是一種禮貌。

　　一個人應該要能夠藉由交談而展現出自己的優點。如果對自己缺乏自信，則與其自己挑選話題，還不如默默地附和別人所說的蠢話吧！

　　要儘量避免意見對立的話題。若是置身於意見不同的團體，可能會因此而使得氣氛變得凝重。一旦討論變得白熱化，就會喪失原有的機智。這時就要趕緊中止這樣的話題。

▶ 不要自暴己短

　　不論遇到何種情況，絕對不能夠先說自己想說的話。再怎麼了不起的人，一旦先說出自己想說的話，則各種戴著假面具的虛榮心和自尊心就會自然抬頭，讓在場的人感到不愉快。

　　有的人會在他人說話途中突然打岔，說出一些自以為是的話。這是很失禮的做法。想為自己辯解，一旦表現失當，就會變成滔滔不絕地陳述自己的優點，試圖使自己的行為正當化。他人會因此認為你是個驕傲的人。

　　人在受到責難時，為了洗刷自己的嫌疑，總是會忍不住自我辯解。但是，如果表現不當，就會被虛榮心擺布。對此，必須慎重其事。

　　同樣都是在表達自己的想法，有的人會用卑鄙的手段。這是很愚蠢的做法。例如，告白自己是弱者，感嘆自身的不幸，想要博取同情。但是，這麼做會造成他人的困擾，因為他們力有不

逮，無法為你解決問題。

如果你看不出自己這樣做很愚蠢，還繼續滔滔不絕，說個不停，那就會演變成純粹是在發牢騷罷了。

像這種自我暴露缺點的人，不但無法獲得成功，在社會上也很難生存。

▶ 沒有人會因為說「驕傲的話」而獲得好評

比暴露虛榮心、自尊心更嚴重的，就是大言不慚地說出令自己感到驕傲的話（換言之，只會彰顯自己很了不起）。

就算說出的話都是事實，但是，絕對無法獲得稱讚。

比如說，搬出與自己無關的事，說自己是某個大人物的後代，擁有某位知名的親戚、朋友等。

有的人聲稱自己可以一口氣喝掉五、六瓶葡萄酒。以一般人而言，這也未免太誇張了吧！

像這樣的例子，可說不勝枚舉。人類為了虛榮心而說一些蠢話或過度誇大事實，多半無法達成目的，反而會降低自己的評價。提到與本質無關的事物而深感驕傲，根本就是暴露自己沒有內涵的事實。

▶ 真正的「優點」，就算保持沉默，也會為人所知

保護自身避免展現愚行的唯一方法，就是不要談論自己。談論自己的經歷時，不要讓人覺得你誇大其辭。不論是直接或間談及，都要慎重其事。

就人格而言，不論好壞，不用你說，別人遲早也會知道。反之，即使自己說出，別人也未必相信。

　　從自己口中說出的話，經常會掩飾自己的缺點或過度強調自己的優點。但是，這麼做，只會更加突顯自己的缺點。

　　保持沉默也算是一種優點。至少別人會覺得你有內涵。如此一來，能夠遠離不必要的嫉妒或嘲笑，也不會妨礙正當的評價。就算想要巧妙地變裝，但若是由自己口中說出，就會招致周遭眾人的反感，後果不堪設想。為避免發生這種情況，保持沉默，不談論自己，才是明智之舉。

2 讓自己「穩重」很重要

不知內心在想些什麼或性格憂鬱的人，往往不會得到別人的喜愛，一般人也不會對這種人說出內心的話。

有能力的人大多很穩重，不會表現出內在的一面。不過，表面上，他們能夠很快地與他人打成一片。

能夠好好地守護自己且外表上看起來很開朗的人，必然能夠立刻讓交流的對方解除心防。

不過，就算要表現出開朗的樣子，說話也要謹慎。

▶ 不要用「耳朵」而要用「眼睛」聽對方說話

說話時，要看著對手的眼睛，否則會顯得有失風度。別人說話時，自己望著天花板、看著窗外或記事本，這無疑是在告訴大家，自己比說話者更重要。

這麼做會讓對方生氣。不論任何人受到這種輕忽的對待，自尊心一定會受損。

不看談話對象的眼睛，非但會留給對方不良的印象，同時也錯失了觀察對方對於自己所說的話接受到何種程度的機會。想要了解對方的心，不應該借助於耳朵，而要借助於眼睛。

▶ 不必關心他人的醜聞

其次要注意的是，不要主動去探聽他人的醜聞，也不要談及

這些事。仔細想想，做這種事對自己根本沒有任何好處。一旦中傷他人，勢必會遭到對方的譴責。

▶ 「笑」也分等級

大笑會讓人覺得有失分寸，是笨蛋做的事。真正聰明的人絕不會大聲嘲笑他人，也不會隨便放聲大笑，頂多只是微笑罷了。

動不動就格格大笑的人，顯得很愚蠢。

例如，看到他人椅子坐空，屁股跌坐在地，忍不住大笑出聲。這樣的行為很低級。這樣的人除了會大笑之外，完全不了解豐富自己的心靈，讓自己表演得更開朗。而且，放聲大笑會讓聽者大感不快。

很多人認為大笑是一種活潑、快樂的表現，會留給人正面的印象。事實上，這是一種十分愚蠢的行為。

▶ 無聊的「習性」會降低自己的身價

有的人會邊說話邊笑。我的友人瓦拉先生就是這樣的人。他人格高尚。但不了解他的人，可能會以為他是神經病。

讓人感覺不好的習性還有很多。剛踏入社會時，會做出各種表情與動作，這慢慢地就會成為一種習性。結果，可能到很久以後還習慣用手摸摸鼻子、摸摸頭髮、抓抓帽子等。

不穩重的人，十分容易表現出這些不良的習性，讓人看了之後，感覺很糟糕。對此，必須儘量避免。

③ 在團體中成功的祕訣

　　有時候，機智、幽默、玩笑只適用於一個團體。這是因為它誕生於特殊的土壤，想要將它移植到另一塊土地上是不恰當的。

　　任何團體都有它特有的背景，有它獨特的遣詞用句，連帶的也有它獨特的幽默或玩笑。將這些幽默或玩笑帶到土壤不同的另一個團體，就可能顯得枯燥乏味。

　　或許不致落到「冷笑話」的地步，但是，如果使得在座的人瞪白眼，這時說話者的內心一定很不舒服。

　　不要隨便將在某個場合聽到的話帶到其他場合去說。雖然那可能不是什麼大事，但是一傳十、十傳百，最後還是很可能會演變成嚴重的事態。

　　不要隨便說出在某個場合的談話內容，這必須成為一種默契。一旦違反這個默契，就會立刻遭到指責，不論而哪兒去，都會成為不受歡迎的人物。

▶ 為什麼「好好先生」無法成為大人物

　　不論在哪個團體，都有所謂的「好好先生」。仔細觀察這些人，他們不但沒有任何家世背景、魅力，甚至沒有自己的主張。

　　對於同伴的提議，他們總是不假思索地舉雙手贊成。就算是錯誤或愚蠢的事，他們也會立刻迎合。通常，這樣的人很不容易成為大人物。

　　我希望你在團中能夠擁有自己的主張，而且不會輕易改變。但是，在表現時，要有禮貌，最好還能帶點幽默的風格（特質）。能夠辦到這一點，才算是有品味的人。畢竟你還沒有到達能夠隨意指責、批評他人的年紀。

　　發現自己真正的優點而受人喜愛，這也是在與他人交往時不可或缺的條件（也是一種趣味）。

　　不要在意他人的小毛病。就算人家裝模作樣，你也要欣然接受，甚至在某種程度上要讚美一番。這是可以原諒的行為，甚至可以說是一種親切的表現。被奉承的人當然很高興你吹捧他。反之，未被吹捧的人可能就會大感沮喪。

▶ 讚美他人，幫助自己

　　不論哪個團體，都有能夠影響整個團體的遣詞用句、服裝、興趣及教養之人。不論男女，在外貌、機智、服裝等各方面，都有表現相當傑出的人物。某一天的表現是否精采，就看在更根本的部分有無能夠吸引所有目光的人物出現。能夠成為眾人目光之焦點的人，必定具有特殊的威嚴。

　　對於這種具有威嚴，要對他表現出順從，甚至吹捧、奉承。這樣做，就能得到有力的推薦函，不僅在一個團體之內，甚至可以在廣大的社會中，取得了自由出入的護照。

要懂得「顧慮他人的想法」

不可觸怒他人，要懂得取悅於人；不可口出惡言，要懂得讚美他人；不可惹人討厭，要做到受人敬愛。要記得隨時顧慮到他人的想法、感受。

每個人都有自己的興趣與好惡。要仔細觀察，將人家喜歡的東西擺在面前，不喜歡的東西隱藏起來。

你了解某人的想法，一定會令他深受感動。

如果粗枝大葉、我行我素，將他不喜歡的東西擺在他面前，他一定會很不高興。

哪怕是一件小事，也要顧慮到他的想法。這比起做出任何偉大的事來說，更能夠讓他感動。

不論是什麼樣的人，都必然有虛榮心。只要顧慮到一些細節，就能夠令他們滿意。而且，今後他們對於你所做的任何事都會抱持好感——這就是人性。

▶ 稱讚對方「希望被你稱讚的部分」

要討特定的人歡心、想和特定的人為友，就要徹底找出這個人的優、缺點，稱讚他希望被你稱讚的部分。

自己的優點得到他人稱讚，內心必然很高興。但是，更令他高興的是，你稱讚他希望被你稱讚的部分。因為你這樣做能夠提升他的自尊心。

　　舉個例來說，具有超群才能的樞機主教黎塞留並不因自己已擁有的政治家的名聲而感到滿意，他更希望大眾認為他也是一個很棒的詩人。

　　他的這種虛榮心，讓他對當時那位偉大的劇作家克爾尼尤心生嫉妒，竟命令他人寫書批評克爾尼尤。而一些善於阿諛奉承的人看穿了他的企圖，因此不談及他的政治手腕，而拼命讚美他的詩人才華。

　　雖然黎塞留對政治手腕充滿自信，但是，對於自己身為詩人的才能卻毫無信心。所以，那些吹捧高手便投其所好，送給他一帖最好的藥方。

　　每個人都有希望受到他人讚美之處。要發現這個部分，最好的方法就是觀察。要仔細觀察某個人喜歡討論的話題，因為這個話題多半是此人自認為最優秀的部分。這就是「要害」。只要攻擊此處，就能擊潰他的心防。

▶ 「視若無睹」也是與人相處的重要祕訣

　　希望你不要誤解，我並不是要你藉由阿諛奉承操作他人。對於別人的缺點或惡行，不可稱讚，甚至要加以譴責。

　　但是，人類若絲毫沒有一些缺點或虛榮心，恐怕也很難生存在這個世間吧！

　　任何人都希望自己看起來聰明、美麗。對於這種人，與其潑他冷水，惹他生氣。倒不如多奉承、讚美一下，讓他高興，彼此交個朋友。就算是自己反對的事，只要他的作為被社會認可，你也要表示附和、贊成。

　　你不太懂得稱讚人，那是因為你還不了解大多數人都希望自

己的想法或喜好得到支持，希望他人對於自己的錯誤或缺點能夠大而化之所致。

不只是想法，一旦我們的習性或服裝受人指責，內心就會難過。反之，得到他人的肯定，內心就會高興。

我說一個故事給你聽一聽，這是惡名昭彰的查理二世統治時發生的事。

那時候，擔任大法官的夏夫茲貝里伯爵希望自己不光是以大臣的身分，也能以個人的因素得到國王的喜愛。

他知道國王愛好女色，於是心生一計，也讓女人圍繞在自己身邊（實際上，他從未涉足過這些女性的居所）。

幾天後，在一次一般性的接見儀式中，查理二世遠遠地看著夏夫茲貝里，對周圍的人說：「各位，也許你們不相信，在那邊看起來膽小的矮個子，正是本國最好女色的人。」

當夏夫茲貝里走過來時，聽到四周傳來笑聲。

「我們正在談你呢！」國王說。

「哦……是在說我嗎？」

「是啊！我告訴他們，你是本國最好女色的人？怎麼樣，難道不是嗎？」

夏夫茲貝里回答：「唔！說到這檔事，我可不知道自己是不是全國第一呢！」

你能夠想像國王聽了（這種奉承）會有多麼高興嗎？

每個人各自具有獨特的想法、行動模式、性格、外表。對於這些，我們不應該加以批評。雖然別人的行事風格與自己不同，但只要不是特別不好或可能損傷自己威信的事，就不妨欣然加以接受它。

▶ 「背後稱讚對方」具有意想不到的效果

比較富於戰略性的稱讚方式，就是背地裡偷偷地稱讚某人。重點是：要將這樣的讚美確實無誤地讓他知道。

必須選擇能夠傳達你所稱讚的話語，同時，這樣的傳達對他自己也有好處的人。這樣一來，你的話不但能夠確實地得到傳達，甚至這個代你傳達的人會幫你加倍地讚美你要讚美的人。這可說是最能討他人歡心的稱讚法。

這是即將踏入社會生活的你，能夠順利地與他人交往一個的重要方法。

如果我在你這個年紀就懂得這個道理，那該有多好。我花了35 年的歲月，才體會到這樣的事。但是，你只要吸取他人的經驗，就不致於後悔了。

5　朋友多、敵人少，才是「強者」

在這世間，每個人或多或少都有些敵人，沒有人能夠被所有的人所喜愛。

根據長年的經驗，我發現：朋友多、敵人少，才能成為這世間的強者。這樣的人不會遭人嫉妒、怨恨，比任何人都能更快速地出人頭地。就算暫時不得志，也能夠得到眾人的同情。

因此，讓真正的朋友變多、敵人變少，正是你人生需要努力的一大目標。

▶ 對他人「關心」，可以保護自己

你聽過已故的歐蒙德公爵的故事嗎？雖然他頭腦不好，但禮儀方面無人能出其右，是堪稱擁有第一人望的人。他具有溫柔的性格，而藉著宮廷生活和軍隊生活培養對他人的關心，能夠柔和地處理事物，其魅力足以彌補他的無能（幾乎在各方面都不算是有能力的人）。雖然沒有人在這方面給他很高的評價，但人氣方面他卻得到了眾人所喜愛。

安女王死後，歐蒙德因為參與發動使局勢動盪不安的行動而與其他參與的人受到彈劾。結果，只有他未遭眾人大肆攻擊。

這是因為他沒有敵人，而得到眾望所致。

▶ 要努力於「讓自己受人喜愛」

人氣非常重要。一個人能夠節節高升，就是因為有眾人的好意、情愛和善意。因此，要努力得到人氣。

我所謂的好意和情愛，並不是指情侶間的感傷之情或朋友間的友情，而是指在與他人相處時，能夠配合對方，討對方歡心而得到的更廣泛的好意、情愛與善意。這種情感，如果不是與個人的利害相對立，就能夠一直持續下去。

我以往人生的大部分時間，都為得到眾人的喜愛而努力。

不能一心一意只想抓住喜歡的男性或女性的心，對於其他人卻不屑一顧。這樣做，很容易得罪人。

讓更多的人喜歡你，才能得到最大的後盾。以有人望的人做後盾，成功的可能性較高。女性也會深受有人望的男性所吸引。

要聚集人氣並不難。舉止優雅、眼神認真、擁有體貼的心、說一些討人家歡心的話、製造讓人家高興的氣氛、穿人家喜愛的服裝等，這些行為表現良好，就能夠抓住他人的心。

我曾經認識一些美女，但她們無法吸引我。這些女子雖然對自己的美貌、能力都深具自信，卻不懂得抓住人心的方法。這是一大損失。

我曾經和一位外表平凡、不起眼的女性談戀愛。她品格高尚、善解人意。在我一生中，和她談戀愛的一段日子是我最快樂的時光。

CHAPTER 8

「品格」能夠產生信用

金銀不能使人變得更好，但智者的見解能使它的持有者在德
行方面豐富起來。

——柏拉圖《回憶蘇格拉底》

「托斯卡納式」的人有其局限！

　　你就像個小小的建築物，現在架構才剛完成，將它裝飾得越來越美麗，是你的責任，也是我所關心的事。

　　我希望你在各方面都有優雅的表現。如果不能夠使架構穩固，就不過是個裝飾品罷了。架構穩固，才能夠完成堅固的建築物。但就算擁有堅固的架構，如果少了裝飾，魅力還是會減半。

　　在所有的建築形式中，托斯卡納式建築是最堅固的一種。同時，它也是最不洗練、最原始的形式。

　　雖然架構堅固是成為大建築物的基礎，但是，如果整棟建築物毫無特色，就算有人佇足在它面前，也不會踏入其中。因為它正面看起來非常粗獷，大殺風景，所以根本不想進入裡面參觀。

　　然而，如果在托斯卡納式的基礎上，以德里亞式、愛歐尼亞式、柯林斯式的柱子並立競美，那就完全改觀了。就算對建築物完全不感興趣的人，也會深受其吸引，佇足凝望，甚至想踏入裡面仔細參觀。

▶ 「抓不住人心的東西」無法讓人印象深刻

　　有一名男子，知識、教養齊備，看起來令人賞心悅目，說話有品味，彬彬有禮，善解人意。一句話，他是個懂得如何讓自己表現得更好的人。

　　另一名男子，知識豐富，判斷力佳，但就是本訥寡言、欠缺

自我表現的才能。

相較之下，只有前者能夠渡過世間的萬丈波濤。也就是說，擁有很多裝飾品的人，能夠戰勝不想裝飾自己的人。

要抓住不聰明之人（大約佔了全人類的四分之三左右）的心，靠的是外表。對於這種人來說，禮儀、作風、應對態度就代表一切，他們並不打算深入地了解他人的內涵。

相對地，聰明的人對於讓自己的眼睛、耳朵感覺不適或無法令他心動的東西，絕對不會留下深刻的印象。

▶ 每個人的「品格」彼此間有天壤之別

想要抓住人心，首先要訴諸五官。讓對方的眼睛看到快樂的事物、耳朵聽到快樂的聲音。同時，要綁住他的理性，奪去他的心志。

我想說的就是：「徹頭徹尾地保持品位。」

比如說，某人對答時戰戰兢兢、動作粗俗不堪，說話結巴、聽不清楚或語氣單調，第一次見到這種人，你會留下什麼印象呢？即使他有滿腹的才華，卻只會令人打從心底拒絕他，根本就不可能想要去探索他的內涵。

反過來說，做事面面俱到、有品味的人，即使不了解他的內涵，卻可能瞬間就會深受吸引，對他抱持好感。

即使不能用語言表達的事物，也能夠藉由動作、表情吸引人。就好像一片馬賽克並不美，但多片馬賽克聚集起來，形成一種圖形時，就會變得很美。

優雅的行為、動作，得體的服飾，聽起來悅耳的聲音，開朗的表情，配合人家說話的方式，清楚地展現出來，如此就能夠抓住人心。

吸收他人「優點」的好方法

每個人都能學會抓住人心的方法嗎？

事實上，只要有心，一定能夠做到。仔細觀察高尚、有品味的人，模仿他們的行事作風即可。

面對自己有好感的人，會仔細觀察他的言行，思考其受人歡迎的原因。

通常，這樣的人應該有很多優點聚集於一身吧！像是謙虛、光明磊落、毫不卑屈地表達敬意的方式、優雅的肢體語言、端莊的服飾等。

對於這些，你都可以模仿。但不是要你完全拋棄自我，只是一味地全然模仿。偉大的畫家會臨摹其他畫家的作品，但絕不會畫得比原作更差。

▶ 將自己當成「複製品」認真模仿

如果有機會遇到備受推崇、敬愛的偉大人物，你也要注意這個人的言行舉止。

對於尊長，他會以何種態度、何種遣詞用句接待呢？

對於與自己地位相當的人，他又是採用何種應對方式？

他如何對待比自己地位低的人？

上午拜訪他人時，他的談話內容為何？

在餐桌前或晚宴上，他的表現如何？

休閒的時候，他都做些什麼消遣？

到底他最近讀了什麼書？

——以上種種，你都要仔細觀察，學習。

要成為這個人的「複製品」，認真模仿，而不是以耍猴戲的態度亦步亦趨。

你將會發現，這個人不會輕易地嘲笑他人、忽略他人、損傷他人的自尊心或虛榮心。同時，你還會發現，他能夠配合不同的人表達自己的敬意，給予他人好評，顧慮到他人的想法，討他人的歡心，抓住他人的心。

總之，受人歡迎的人，會努力播種，等待收割時節的到來。

持續模仿，你也能夠成為一個受歡迎的人。

重點是：要選擇好的對象模仿。

人對於平常的談話對象的心情、態度、優缺點，甚至他對事物的想法，都會加以吸收。即使頭腦不聰明的人，只要平常和聰明的人相處，有時候也能夠展現出令人意想不到的機智。

如果你也能夠和優秀的人相處，那麼，在不知不覺中就能夠提升自己的地位。

若再加上集中力與觀察力，更是如虎添翼，很快就能與這些偉大的人平起平坐了。

▶ 擁有這樣的「眼光」就能夠成為自己的老師

周遭若找不到優秀的人物，怎麼辦？果真如此，你更要仔細觀察身邊所接觸的一切。

那些看似乏善可陳的人，也一定擁有某些優點，可加以模仿。他們那些不好的部分，則可當成負面教材，自我警惕。

　　受人歡迎與不受人歡迎的人，差別就在於言行的內容與態度
截然不同。

　　一些在社會上得到眾望的人，雖然他們的品位、談話、舉
止、服飾、飲食看起來並沒有什麼特別之處，卻懂得掌握言行的
方法與態度。

　　因此，要仔細觀察他們說話、應對、坐立走路、飲食的方
式，並善於學習。

3　行動可以掌握人心？

前些日子，經常稱讚你的哈比夫人來信，提及曾在某個場合看到你跳舞，稱讚你的身段相當優美，我聽了很高興。只要能夠展現優美的舞姿，就能夠擁有優雅的站姿、走路的姿勢與坐姿。

以下各項對於掌握人心很有幫助，你不妨參考一下。

▶ 優雅的站姿、走姿與坐姿

站姿、走路的姿勢、坐姿雖是單純的動作，但比起優美的舞姿來說，它們更重要。我有許多朋友雖然不會跳舞，卻擁有優雅的舉止。不過，在那些會跳舞的人之中，我不曾看到行為舉止不高雅的人。

擁有漂亮的站姿、走路姿勢的人，不見得也能夠擁有漂亮的坐姿。在人前畏畏縮縮的人，會不自然地挺直脊椎，彆扭地坐著。不修邊幅的人，會把全身體重置於椅子上，整個人沉坐其中。這種坐姿會給人留下不良的印象。

優雅的坐姿要做到：保持輕鬆的心情，不可一屁股立刻跌坐在椅子上，要慢慢地坐下。放鬆力量，自然地坐著。只要多練習幾次，就可以達成目標。

高雅優美的小動作，很能夠掌握人心。

例如，幫女性撿起掉落在地上的扇子，結果，動作優雅與不優雅的人留給人的印象截然不同。動作優雅的男子在撿起扇子

後，會得到女性深深的謝意。而那些動作不優雅的男子卻會成為他人的笑柄。

不只在公共場所，平時也要展現優雅的言行舉止。小事馬虎的人，在重要場合也無法做出得體的表現。端咖啡時，要避免因為錯誤的端法而讓咖啡溢出。

▶ 不會表現出低俗個性的服裝才是最佳打扮

你對於服裝一定擁有自己的想法。我只要看到某人的穿著，就知道他大致上是一個什麼樣的人。

在服裝上裝腔作勢的人，其想法很可能比較不集中。現代的青年，在服裝方面，或多或少都有自己的主張。

喜歡華麗、誇張打扮的人多半是為了隱藏自己缺少內涵的事實，所以故意打扮得威力十足。

另一方面，毫不在意穿著，不知道他自己做的是皇宮貴族或馬伕打扮的人，會讓人懷疑他的內涵。

擁有分別之智的人，會注意避免在服裝上突顯個性，只做自己喜歡的打扮。通常，知識分子會穿著與其所處之社會的人相同程度的服裝。過於華麗或邋遢的打扮，都會帶給人不好的印象。而且，不注意服裝是很失禮的表現。

當周遭的人打扮華麗時，自己也要打扮得華麗些；當大家打扮簡樸時，自己也要穿得純樸些。但是，切記穿著合身的服裝，免得給人怪異的印象。

決定好某一天要穿什麼服裝之後，不要再多做思考。一旦考慮太多，言行舉止就會變得僵硬、不自然。

當然，也要注意到自己的髮型。它也是服裝的一部分。鞋帶

要繫好，否則會影響走路的姿勢。

　　想要給人留下好印象，保持清潔很重要。隨時保持手、指甲的清潔，飯後要刷牙。為了保護牙齒，要努力做好潔牙的工作。一旦牙齒不好，就會產生口臭，給周遭的人帶來困擾。

　　我在年輕時很怠忽牙齒的護理，所以現在留下一口爛牙。

　　飯後要記得用溫水、軟毛牙刷刷四、五分鐘，養成漱口五、六次的習慣。關於齒列方面，要去看專科醫師。有問題，盡早接受矯正。

▶ 磨鍊「表情」就能夠磨鍊心靈

　　掌握人心的要素很多，其中一項就是：生動的表情很能夠吸引眾人的目光。

　　一般人會努力隱藏自己醜陋的容貌。露出溫柔的笑容、展現溫文儒雅的舉止，就能夠彌補外表的缺陷。

　　上天給你一張俊俏的臉孔，但你似乎少了男子漢思慮周密、富於決斷力的氣息。你必須讓自己的臉部表情像是每天發號司令，看起來威風凜凜的伍長一樣。

　　我認識一位當選國會議員的年輕人，他每天會在私人辦公室裡練習表情、動作。很多人會在一旁偷窺，嘲笑他。但是，我個人並不以為然。我認為，這個年輕人比起那些嘲笑他的人，更懂得待人處事的道理。因為他知道，在公共場合，表情和動作能夠表達一切。

　　我並不是要你一整天都注意自己的表情，只要兩週內每天努力顯現出溫和的表情就足夠了。

　　你的眼神要優雅，面帶微笑。可觀摩一下修士們那充滿善

意、慈愛，威嚴中帶著熱情的表情。藉由表情，能夠表現出自己的心靈，掌握人心，受人歡迎。

即使你認為練習表情很麻煩，一週至少也要花 30 分鐘的時間練習。你花時間練習跳舞，讓舞姿如此成熟、優雅，其目的不也是為了掌握人心？

你為什麼要穿高尚的服裝、燙頭髮？那不是很麻煩的事嗎？留直髮豈不是更方便？服裝隨便穿，不是更輕鬆自在嗎？

我想，你的目的也是為了要留給他人一個好印象吧！明白了這個道理，就能夠展現得體的行動。但是，研究「表情」，比跳舞和服裝更為優先。

表情不佳，即使擁有優美的舞姿、高雅的服飾和髮型，也沒有用。你在一年內頂多跳舞六、七次，但你的表情是一年三百六十五天每天都掛在臉上，成為眾人目光聚集的焦點。

4 花點工夫，讓他人對你「抱持好感」

　　如果這兒所列舉的事項你都辦不到，那麼，就算你擁有豐富的知識，也無法做好任何事。

　　現在就要培養這些能力。如果現在辦不到，那麼一輩子也都辦不到。暫時把其他事情擱置一旁，專心做這些事。能夠讓堅挺的體態和富於魅力的修飾合為一體，就能夠戰勝一切。

　　你一定要修飾自己的外表。

　　那些脫離社會的老學究聽到我這麼說，一定會面露輕蔑的表情吧？他們總是認為，一個父親若要給兒子建議，應該說一些比較實際、踏實的事。

　　我想，在他們的人生字典裡，一定沒有「抱持好感」、「受人歡迎」等等字眼吧！但是，現在社會中確實存在著這些字眼。很多人都會以「博取他人好感」為目標，你絕對不可一笑置之。

▶ 在乎「別人如何看自己」的人，必能成長

　　社會上很多年輕人目無法紀。這可能是他們的父母輕忽對子女的禮儀教導，或是對這些事毫不關心的緣故！

　　這些孩子接受了基礎教育，進入大學，甚至到國外遊學。但是，在孩提時代，他們的父母疏於管教。在每個教育階段，父母並未觀察孩子究竟如何成長。就算觀察了，也不具判斷力。因

此，他們讓孩子就這樣度過年少時光。同時，他們會自我安慰地說：「沒關係，現在的孩子都是這樣。」

當然，不是每個孩子都不懂禮儀。但是，這些缺乏教養的孩子，學生時代學會的惡作劇、大學時代學會的桀驁不馴、遊學時唯一學會的厚臉皮都沒有改變。

父母不提醒他們注意，其他人更不會提醒他們注意。年輕人不了解他人是以什麼樣的眼光看待自己，也不知道要改變自己的態度，持續做出目無法紀的行為。

孩子的禮儀不當，是為人父者的責任。父親必須將自己的經驗告訴孩子。

你擁有我這樣忠實、友好的監視裝置是你的福氣。只要發現你的缺點，我一定立刻下令要你改正。當然，一旦發現你的優點，我也會立刻給你讚美的掌聲。這是我身為父親的責任。

5 失去做人的「信用」則一事無成

人類原本就不是完美無缺的。但是，自從你出生之後，我一直期待你接近完美。為了實現這個理想，我不斷努力，不惜付出任何代價。讓你接受教育，就是希望你能夠變成比與生俱來的資質更好的人。

你根據經驗，也應該了解這一點。在你年紀還小，仍然缺少判斷力的時期，我培養你一顆行善與尊敬他人的心，你也完全吸收了。現在，你可以依照自己的判斷來做這些事。有關行善、尊敬他人等等，不必他人教導，你也會這麼做。

大法官夏夫茲貝里經常這樣說：「我是為了自己而行善，不是為了讓他人知道而行善。」這就好像保持清潔是為了自己舒服，而不是為了讓他人看到一樣。因此，在你擁有判斷力之後，我不曾提醒你要樂善好施，因為我認為，那是理所當然的事。

我接下來的願望，是想要對你實行實質而不偏差的教育。最初是由我，然後委託哈特先生，最近則是靠你自己的力量，得到出乎意料之外的成果，完全不辜負我的期待。

最後剩下的，就是教導你與他人接觸的方式和行為禮儀。不知道這些，好不容易學會的東西就會化為泡影。

▶ 基本上要壓抑自我，配合對方

我們一位共同的朋友曾說：「關於禮儀，雙方都要稍微自我

壓抑，配合對手，懂得分辨，做出有良知的行為。」

懂得分辨和有良知的人（你也是其中之一），不見得全都能夠成為規規矩矩的人。這一點很令人感到驚訝。

關於禮儀的表現，因人、土地、環境等而有很大的不同。要自己實際去聽、看。重點在於尊重禮儀的心。不論何時何地，這都是不變的。因此，是否擁有這種意志，是能不能成為有規矩之人的關鍵。禮儀對於特定社會的影響，就好像道德對於整個社會的影響一樣。它能夠結合整個社會，提高安全性。

一般社會為了鼓勵道德行為（或至少為了保護自身免於受到不道德行為的傷害），因而制定了法律。同樣地，在特定社會中，也會鼓勵規矩的行為，制止目無法紀的犯行。這已經成為一種不成文的規定。

提到法律和不成文的規定，也許你會大感驚訝。但是我認為，兩者具有共通點。例如，侵入他人領域的不軌分子，可以透過法律制裁他。同樣地，侵入別人平靜之私生活領域的無法無天者，亦可透過整個社會不成文的規範驅逐他。

對於生活在文明社會的人而言，面露微笑，吸引他人的注意，就算付出一些犧牲也無妨。這是不受他人強迫而可自然學會的一種不成文之規範，就好像國王與他的大臣會藉由庇護與服從的默契互相結合一般。違反協定的人，會被剝奪協定所產生的利益。這也是理所當然的回報。

我認為，訂出規矩的禮儀，是繼善行之後，能夠掌握人心的方法。我最喜歡他人稱讚我是個循規蹈矩的人。在我眼中，規矩實在太重要了。

6 了解「狀況」，禮節周到

談到禮儀的話題，接下來就探討一下，如何配合各種狀況，表現周到的禮節。

▶ 面對尊長，肩膀不可過度用力

面對尊長或地位較高的人，大家都不想失禮。不過，要如何表現禮儀呢？懂得分辨、人生經驗豐富的人，會自然地表現出周到的禮節。但是，不善於和大人物交際的人，動作就會顯得彆扭，即使鼓起勇氣，表情也可能帶點痛苦。

當然，面對自己尊敬的人，相信沒有人會吊兒郎當地坐在那兒吹口哨或搖頭晃腦，做出失禮的行為吧！

在尊長面前，要放鬆心情，優雅地表現出周到的禮節。而且，要觀察那些良好的示範，善加學習。

▶ 在眾人面前，要守住這「一線」

如果眼前都是一些可平起平坐的人，沒有特別需要抱持敬意或敬畏之心的人物，就能夠表現得自由自在。不過，任何交往，都有需要遵守的一條線。

這條線就是：對每個人都要顧慮到禮貌與體貼，絕不容許做出注意力散漫、目中無人的行為。

即使身邊的人對你說了一些無聊的話，你也必須禮貌應對，

不可表現出一副漫不經心的姿態。

就算對方和你是對等關係，這樣的表現也頗為失禮，甚至可說是非常無禮的行為。

對方是女性時，不但要看著她，還要讚美她。試著去了解她的願望、好惡、興趣與個性，推測她的內心世界，說些她愛聽的話，奉承女性也是紳士的禮節。

只要是懂得禮貌的人，都會這麼做。

▶ 「年輕氣盛」，有時可原諒、有時不可原諒

我想，你應該不至於自認為天生比那些幫你打掃房間的清潔工、為你擦鞋的傭人更為優秀吧？

你應該感謝上天賜給你的幸運，絕不能嘲笑出身卑微的人。

我很關心那些出身卑微的人。他們並非努力或實力不夠，只是命運所使然。我實在不希望他們意識到自己的身分、地位與他人不同。

但是，年輕人常常不注意這樣的事，認為表現出命令式的態度、言語強勢是勇者之所為。

其實，不是不注意，而是不想去注意，根本認為這些人的身分低而不予重視。結果，對方自然會對你抱持敵意。

年輕人大多只注意知識分子、地位高的人、美女、人格高尚的人等，而不注意出身卑微的人。

我在你這個年紀時也是如此，只想抓住具有魅力者的心，忽略對其他人的體儀。對於官員、知識分子、美女等顯眼的人禮貌周到，卻得罪了其他人。

這種愚蠢的行為，讓我樹立了不少敵人。雖然我不看重這些

人，但是，在我最希望得到好評的地方，他們卻會拉低了我的評價。我被視為傲慢的人。事實上，我只是不懂得分辨罷了。

　　有一句古老的格言說：「掌握人心之王，最能夠保持安泰與權力。」

　　讓家臣敬愛你，勝過擁有任何強大的武器。想要得到家臣的忠誠，就不會要他們怕你，而要讓他們敬愛你。對待地位較低的人，也要如此。懂得掌握人心的技術，才能夠擁有強大的力量。

▶ 就算關係親密，也有不得踏入的「領域」

　　在此，我要談談因觀念錯誤而失敗的例子。這是有關對於親密朋友所做出的行為。

　　與人親密的交往，會讓人心情放鬆。這種關係，能夠讓日常生活變得更穩定。

　　但是，並不是說，你因此可以踏入絕不可踏入的領域。就算對象是再親密的朋友，也不可對他說一些言不及不的話。過度自由，很可能自我毀滅。

　　舉一個鮮明的例子。

　　如果我倆共處一室，彼此都想做自己愛做的事。你想，我會沒有任何顧慮嗎？

　　就算是面對你，還是有一些必須遵守的禮儀。對其他人也是如此。例如，在我們交談時，我腦海中一直在想別的事，或是在你面前打呵欠、伸懶腰，這些不雅的動作，你看了，也一定會想立刻走出房間吧！

　　因此，為了避免破壞雙方間親密的關係，還是需要遵守某種程度的禮儀。即使再恩愛的情侶、夫妻也一樣，有些禮儀是絕不

可以免除的。

任何人都必有一些缺點，如果暴露無遺，就太失禮了。

要想讓雙方持續保持良好的關係，就一定要遵守某種程度的基本禮貌。

希望你每天都要努力培養這樣的禮儀。

鑽石如果保持原石狀態，就毫無價值可言。唯有經由琢磨，戴在身上，才能夠突顯它的價值。鑽石美不勝收的原因，就在於其原石的硬度與密度。但是，如果未經琢磨、修飾，那也只不過是污穢的原石罷了。

我很相信，你擁有豐富的內涵。接下來，只要像以往那般努力地自我磨鍊即可。必須讓周遭的優秀人物認為你確是一塊可以琢磨的璞玉。

CHAPTER 9

這是「想要活得更好」的必要戰略

自身所缺少的,想要由自己的孩子去實現,這是所有父親的
虔誠心願。

——歌德

到了某個年齡，需要擁有「突變的能力」

我曾經告訴你：「態度要柔軟，意志要堅定。」這句話可活用於人生的各種場合。它有兩個要素，就是：「態度要柔軟」、「意志要堅定」。

在此，我要分別加以說明，並探討兩者合而為一時所產生的效果。最後再談論實踐它們的方法。

一個人態度柔軟但意志不堅定，會讓人覺得他是一位好好先生，有點軟弱、消極。而意志堅定但態度粗魯的人，往往只會逞匹夫之勇。

兩個條件齊備是最佳狀態。但是，很少人能夠辦到這一點。意志堅定的人多半血氣方剛。任何事都靠蠻力往前衝的人，如果遇到的對手害羞、內向又軟弱，事情就能夠順利進展。否則，就會遭到對手怒目相向，而無法達成目的。

很多態度柔軟的人都很狡猾，對所有的人都表現出軟弱的態度，想要藉此得到一些好處。他們就是所謂的八面玲瓏者，會表現得完全缺乏自我主張，隨時願意配合對方。這些人只能夠欺騙愚笨的人。

兼具柔軟之態度與堅定之意志的人，既不會顯得倔強，也不會表現得八面玲瓏，言行舉止都很通達。

▶ 擁有溫柔和堅強的意志，能屈能伸

兼具前述兩種要素，有什麼優點呢？

一個下命令的人，如果能夠做得合於禮貌，相信接受命令的人一定會欣然接受，高興地照著做。反之，下命令時語帶威嚇，會使聽到命令的人感到不悅，執行命令的時候就會馬馬虎虎，甚至中途放棄。

迫使他人聽從自己的命令，多半不能順利地達成目的。

下達命令時，要以冷靜、堅強的意志讓聽命令者「服從」。不過，要溫柔地表現出堅強的意志，不要令對方產生自卑感。

向長輩請求或要求應得的權利時也一樣。若表現得不禮貌，沒有人會答應你的請求，必然找各種藉口拒絕你。不過，光是採取柔軟的態度，還是可能無法達成目的。要表現出不失自己身分的執著和堅強的意志，使對方不得不屈服。

尤其是那些地位較高的人，行動時很少表現得合理。即使為了正義或國家的利益，要他們暫時退卻，他們也會因執拗而不肯屈就讓步。

這時，就要以柔軟的態度抓住他們的心。這麼做，至少能夠杜絕他們的任何藉口。

但是，同時仍要表現出堅強的意志。就算是平日相關人士聽不進去的建議、麻煩的事情等等，也要大膽地說出來。

身分高的人很習慣於聽他人請願或發牢騷，就像外科醫師對於患者物理性的疼痛早已司空見慣一樣。一整天接到投訴，到底何者為真、何者為假，根本難以區分。因此，一般而言，即使他們面對的是站在公平、人道的立場所提出的訴求，他們也不見得

會聽得進耳裡。

這時，到底要以柔軟的態度提出訴求，還是不降低自己的身分，讓對方了解，一旦他拒絕了，就會招致怨恨，讓他感到憤怒？我想，還是前者比較理性吧！

兼具柔軟的態度和堅定的意志，不會遭到任何輕蔑，反而會得到他人的敬愛；不會受到憎恨，反而會得到他人的尊仰。這是一種做人處世的智慧。

▶ 「隨時讓路」和「具有融通性」大不相同

其次，談到實踐的方法。

要避免因為情緒失控而口出惡言，應該把身段放柔軟些。不論對方是尊長、身分與自己對等或低於自己的人，都必須如此。情緒激動時，要趕緊平復，暫時保持沉默，勿讓對方看到你失控的表情。否則，任何事都無法順利進展。

但是，也不可為了討對方歡心，放軟自己的立場。

這時，要執著地針對對方的弱點加以攻擊。外表柔和、害羞，經常退讓而被視為好好先生的人，容易被視為笨蛋而遭到踐踏。如果這類人此時能夠表現出堅定的意志，別人就會對他抱持敬意，他也能夠心想事成。

與朋友、知己的應對也一樣。不退讓的意志力能夠擄獲他們的心，柔軟的態度則能夠防止樹敵。

要讓對方知道自己具有堅定的意志，並了解自己之所以憤慨，確有正當的理由。清楚地讓對方知道自己並沒有抱持惡意或任何偏見。也就是說，要讓對方明白自己的行為是一種思慮分明的正當防衛。

▶ 時而柔軟、時而堅強，才能說服他人

因應工作的需要而進行交涉時，要讓對手感覺到你具有堅強的意志。除非是到了必須妥協的地步，否則一步也不可退讓，甚至不接受任何折衷意見。即使到了必須妥協的地步，也要一邊抵抗，一邊慢慢後退。

這麼做時，仍要以穩重的態度抓住對方的心。若能夠掌握對方的心，或許就能取得他的理解，從而打動他。

比如說，你可以告訴他：「雖然這件事一波三折，但是，我對您的敬意依然不變。在這件事情上，我看到您確實盡心盡力。我很佩服您的努力和熱情。能夠和如此努力的您交往，這是我的榮幸！」

像這樣，貫徹「柔軟的態度」、「堅定的意志」，就能夠巧妙地說服對手，使得雙方的交涉順利進行。

我所說的「柔軟的態度」，並非只是表現出溫柔的一面。對自己的意見，一定要清楚地陳述。即使你的意見與他人不同，也要清楚地一一做出說明。

要注意：說明時的態度、氣氛、用字遣詞、語氣，都要委婉，不要強人所難。

在陳述與他人不同的意見時，要表現出優雅、具有品味的態度，選擇穩當的詞彙。例如——

「如果你問我有什麼想法，那我就這麼說好了。關於這件事，事實上，我並不是非常了解……」

或是——

「坦白說，我不是很清楚，情況是不是這樣……」

　　這種看似軟弱的表達方式並不欠缺說服力，一定能夠抓住對手的心，你也可以加一句：「不過，我一定負責把它弄清楚，才能對你有所交代！」

　　在愉快的氣氛下結束討論，既不會傷害自己的立場，也不至於損傷對方的自尊。

　　態度和內容同樣重要。不當的態度，會使原本抱持好感的人變成敵人，原本心存惡意的人卻變成朋友。結果完全不同。

　　如果表情、說話方式、用字遣詞、發音、品位等都能夠表現得柔軟些，就能夠展現「柔軟的態度」，再貫徹「堅定的意志」，態度嚴謹負責任，就能夠抓住人心。

2 好的生活方式，必須具備戰略

　　這個世間，到處都存在著戰略。比如那些不會產生罪惡的「生存智慧」，就是一種戰略；能夠了解並儘早實現的人，就能夠抓住更多人的心，早日出人頭地。

　　生存智慧的根本就是：凡事都要將感情藏在內心，不可透過語言、動作、表情，讓他人發現你已心情動搖，否則就難免被操控，玩弄於股掌之間。

　　聽到別人說一些自己討厭的事，有的人會露骨地表現出忿怒；聽到令自己高興的事，則會喜上眉梢，表情完全放鬆。這些人很容易被狡猾的人所控制。

　　狡猾的人會故意說一些觸怒你或讓你高興的話，藉此猜穿你的心思，洞悉一切。

▶ 別以「這是與生俱來的性格」為藉口逃避

　　你可能認為，冷靜與否是先天的性格，是否具有超強意志力也一樣。的確，冷靜與否，有時是來自性格。但我們絕不可拿性格來當藉口。

　　只要肯努力，有很多部分都可以改善。一般人有將性格比理性優先考量的習慣。但是，只要努力，情況就會完全改觀，可以用理性壓抑性格。

　　情緒失控時，試著在情緒鎮靜下來之前保持沉默，避免臉部

的表情大變。平日努力注意這些細節，就可以改善很多缺點。

▶ 讓對手識破「企圖」，會使工作無法順利進行

面對血氣方剛的人交涉事情時，很難得到好結果。血氣方剛的人很容易因為一些小事而方寸大亂。但只要仔細觀察這類人的表情，就能夠抓住他們的真心。談生意時，能夠看穿對手的「企圖」，乃是交涉成功的關鍵。

無法掩飾自己的情緒或表情的人，容易被人操弄。尤其是在其他一切條件都對等時，這樣的人更是難以戰勝對手。

一旦對手識破你的「企圖」，事情就很難順利進展。

不讓對手看穿自己的企圖而佯裝不知，和欺騙對手而佯裝不知有所不同。後者容易遭人誤會。為了欺騙他人而隱瞞自己的情感，是不道德的行為。

貝康大臣曾說：「欺騙對手之行，真正有智慧的人是不會去做的。」

不讓對手識破自己的企圖而隱瞞情感，只是為了不讓他看到自己手中的牌。如果是為了欺騙對手而這麼做，就如同偷看對手手中的牌一樣。兩者不能相提並論。

波林格布爾克大臣在他的著作中也說：「為了欺騙他人而隱瞞自己的情感，就宛如揮舞短劍一樣，是不正當的行徑。」

另一方面，不讓對手看清自己的意圖而隱瞞情感，就好像拿著盾、穿著盔甲保持機密一般。在工作上，為了保持機密，必須隱瞞自己的情感，否則工作很難順利進行。這就有如貴重金屬混入合金鑄造硬幣的技術一樣。

鑄造硬幣，加入少量合金是必要的。但是，加入過多（過度

秉持祕密主義就會變成狡猾），硬幣就會失去通貨的價值，並使得鑄造者的信用破產。

　　就算情緒澎湃，也不能表現在臉部的表情或言語中，要極力隱瞞自己全部的情感。雖然這樣做很辛苦，但並非辦不到。知性的人不會向不可能挑戰。但是，對於值得追求的事，就算付出雙倍努力，他們也會全力以赴。我希望你也能多加努力。

3 巧妙使用「可以被原諒的謊言」 也是一種智慧

有時候，佯裝不知，對你有很大的幫助。

例如，有人想要問你有什麼意見時，你可以暫時先裝糊塗，讓他先把自己的意見說完之後，再提出你的看法。

有的人喜歡別人聽他說話，有的人則會藉由說一些知識性的東西，滿足自尊心，還有些人是為了使他人信賴自己，而會脫口說出重要的事。

當某人問你：「你知道這件事嗎？」如果你馬上就回答說：「是的，我知道。」那這個人很可能就會大感失望。

即使某件事你已聽過好幾次，也要忍耐地再聽他敘述一次。不過，如果所聽到的是一些八卦話題，有時就要表現出懷疑的態度，免得被當成傻瓜。

時常表現出自己什麼事都不知道的人，能夠得到許多完全的信息。這也是蒐集資訊的好方法。

▶ 上戰場時要「全副武裝」

很多人會為了表現自己的優越感和虛榮心，將自己所知道的事全盤托出。

這時，你要佯作不知。除了能夠藉此得到信息之外，還能夠讓說的人認為你與陰謀或不良企圖無關。但是，對於聽到的信

息，仍應加以確認。

　　蒐集資訊時，要做得聰明些。被動地當個聽眾或直接質問，得到的都只會是一些相同或無聊的信息。

　　除了假裝毫不知情外，有時也要佯裝知道一切。如果某人熱心地想告訴你什麼，你不妨姑且聽之。有些人確實能夠提供你一些你不知道的信息。

　　要巧妙地活用這些生活上的智慧，經常注意自己周遭的情況，同時要保持冷靜的心。

　　對你而言，社會有如戰場，所以，要經常全副武裝。對自己的弱點，要多加一道防護。否則，稍不留心，就有致命之虞。

4 在社會上 「門路」也是你的實力之一

這封信應該會送到目前在蒙彼利埃的你的手中吧！希望你能夠在聖誕節之前到達巴黎。在巴黎，我要介紹你認識兩個人。他們都是英國人，很值得交往。但願你能夠和他們親密相處。

其中一位是個女子。我不是要你和她談戀愛。她已經 50 多歲，和我並沒有直接的關係。她就是曾經到第戎去見過你的那位哈比夫人。很幸運的，她正在巴黎過冬。

這位夫人出生於宮廷，在宮廷中長大，卻未曾沾染宮廷中不良的部分，只承襲好的部分。她行事合於禮儀，具有品味，為人親切，博學多聞，擅長說拉丁文。不過，她總是隱藏自己的才華，因而不為人所知。

她會把你當成自己的兒子看待，也可以算是你的監護人。你有任何事，都可以找她商量。相信她是一個能夠讓你敞開心扉，傾訴一切的女子。

你與他人應對的方式、態度、禮儀等，有欠缺、不當之處，希望她能夠提醒你注意。我想，在全巴黎，再沒有比她更適合扮演這個角色的人了。

另一個人，就是你已多少有些認識的亨廷頓伯爵。他具有優秀的資質，學識淵博，是本國最傑出的青年之一。

如果能和他好好相處，對你必定有很大的幫助。

▶ 聰明地利用「兩條門路」

在這個社會上，建立一些親密關係是很有必要的。要慎重地建立這類關係，並巧妙的維持。這樣一來，必能得到成功。

這樣的門路有兩條，你要牢記在心，依此行動。

（一）對等的親友關係。

素質、能力類似的兩個人，基於互惠關係，能夠自在地進行各種交流，交換意見。肯定彼此的能力，對方就會為你竭盡所能。這種確信未能建立，就無法構築雙方的關係。其基礎，就是對於對手的敬意。

即使雙方利害對立，也不至於破壞這種相互依賴的關係。只要互讓一步，最後必能找到共識，採取相同的步調。

我希望你能夠和亨廷頓伯爵建立這種關係。你們兩人在同一時期踏入了社會，具有對等的能力和集中力，如果能夠和其他青年攜手合作，在所有行政機構成立團體，就能夠取得更大的發展空間。

（二）非對等的關係。

比如說，一方有地位或財產，另一方具有素質或能力。在這種關係中，由一方給予恩惠，且這種恩惠大多巧妙地隱藏起來。

得到恩惠的人必須考慮到對方的想法，儘量討他歡心，忍耐他的優越感。施恩的人以為自己操控對方，事實上卻反被對方所操縱。

5 將對手視為「敵人」，自己會蒙受損失

該如何對待自己討厭的人呢？

就算知道深思熟慮比較好，展開行動時，大部分的年輕人還是做不好。不論是在工作場合或談戀愛，一旦自己的想法遭到批評，就難免討厭那個批評者。

對年輕人來說，對手就如同「敵人」。一旦這個人出現在眼前，就會表現出彆扭、冷淡的態度，一心一意想要打敗他。其實，這樣做很不得體。畢竟，對手也有選擇工作或女朋友的權利呀！如果你做出這種舉止，就表示你的洞察力不夠。對對手冷言冷語，不僅自己的願望難以達成，且因為雙方互相較勁，很可能讓第三者乘虛而入，最後雙方都撈不到好處。

當然，事情沒有這麼單純，其中牽涉到很微妙的轉折。

假設兩人是情敵，如果雙方面目猙獰地在那裡互相咒罵、爭執，會令在場的人感到不快。但如果其中一人儘管心中不悅，卻能面帶微笑，就會突顯另一方的心胸狹窄。這時候，身為對象的那位女子當然會選擇面帶笑容的男子。另一方會因為女方欣賞自己的情敵而責怪她。結果，她必定會因為此人如此不理性而更加討厭他。

▶　雖然心中憎恨仍要微笑以對，這是生存的智慧

一個傑出的人在面對對手時，會採取兩種態度，一種是極端溫柔，另一種是給對方一記重擊。

如果對手不惜用盡各種手段侮辱你，你大可重重地反擊他。不過，即使自己因此受了傷，表面上仍要做到禮貌十足，讓對方不知所措。

如果你肯定對方的價值，希望他能成為你的朋友，而他卻鄙視你，那麼，這種朋友不交也罷。

在公共場合，禮貌地和表現失態的人說話，眾人必定不會因此指責你。一般而言，這個社會有個默契，那就是：絕不允許任何人因為個人的好惡、嫉妒而擾亂眾人的生活。一旦有人若無其事地表現出失禮的舉止，就會成為眾人的笑柄，而無法得到眾人的同情。

現實社會中的確存在著憎恨、嫉妒、不友善等黑暗面。少數狡猾的人只想摘取果實，不像努力的人那樣腳踏實地。當然，他們的日子只能過得載浮載沉。

在這樣的社會，必須學得正確的禮儀、柔軟的態度，並身具與實質無關的裝備，否則很難生存。同志隨時可能變成敵人，敵人也隨時可能變成同志。因此，就算內心對某人產生了憎恨，表面上也要以微笑來對付他。

**6 雖是「小事」，
卻是很重要的一個建議**

　　現在你已經踏出成為社會人的第一步。我希望你有很好的成就。在這世界上，實踐是最重要的學習。同時，要考慮周到，注意力集中。

　　我現在就透過這封信，告訴你成為社會人的一些必備常識。

　　在寫商業書信時，告訴你成為社會人的一些必備常識。

　　在寫商業書信時，意思清楚最重要。必須使世界上頭腦最笨的人看了信之後，也能明白其中的意思。

　　商業書信以私人信件的方式書寫較為討喜。使用暗喻、比喻、對照法等，會讓人大感奇怪。以服裝為喻，就是要穿著正式服裝，且不要佩帶過多的裝飾品。當然，衣冠不整，大大不宜。

　　寫文章時，最好每個段落都要讓第三者過目，確實檢查其中是否有錯。

　　必須注意代名詞、指示代名詞的用法。大量使用「這個」、「那個」、「本人」等字眼，很容易引起誤解。所以就算有些冗長，也要清楚地寫出「○○先生」、「○○事情」。

　　寫商業書信，當然要注意禮貌，表現出敬意。

　　在國外的外交官寫信回國，多半是寫給長輩閣僚或支持者，更要注意禮貌。

　　信紙的摺法、信封的寫法會表現出一個人的人格，有些會給

人好的印象，有些會給人不好的印象。這些細節不可忽略。

　　寫商業書信時，不可重視華麗的詞藻，文筆必須通順，並要做出總結。你在這方面還沒有建立穩固的基礎，可能會過度講究修飾。現在就應改正這種習慣。

　　不論文字或文體，過度修飾，只會造成反效果。簡潔反而較為討好，令人感覺高級而有威嚴。

　　文章的長短要適中，重點要抓住，意義要明確。否則，反而會成為他人的笑柄。

　　我不能了解，你的字為什麼那麼潦草？平日經常使用眼睛和手的人，應該能夠寫出一手漂亮的文字。我希望你能夠好好地練習寫字。

　　我並不是要你寫得像字帖一般標準。但是，既然成為社會人，信就要寫得又快、又工整。

　　現在你就要養成寫出工整字體的習慣。這樣一來，如果必須寫信給身分地位較高的人，就不必擔心字的美醜，能夠集中精神在內容上。

▶ 以處理好「小事」為前提，由此出發

　　年輕時學習不夠，就容易在重要的時刻只注意小事，欠缺操控大事的能力。

　　你現在處於只是處理小事的時期與地位，一旦養成了好好處理小事的習慣，到了要處理大事時，就不用為小事煩心。現在就做好萬全的準備吧！

CHESTERFIELD'S SAYING

切　斯　特　菲　爾　德　金　言　集

生存不是我們的終極目的

才智是那麼光彩奪目，每一個人都仰慕它，
大多數人都想獲得它，所有的人又都害怕它，
幾乎沒有人喜歡它，除非是他自己所擁有。
一個人必須自己擁有大量的才智，
才能容忍他人的才智。

美德和知識像黃金一樣貴重；
但不經潤飾，它們必然暗淡無光。
擦亮的黃銅，甚至比璞玉寶石更加誘人。

才智之於子猶如美貌之於女子，至關重要。

結婚無非出於兩種目的：愛情或金錢。

若是為了愛情，儘管可能面臨困頓，但必能得到幸福；
若是為了金錢，日子或許舒舒服服，但決不會得到幸福。

許多人不知道如何去愛，如何去恨。
他們的愛是一種毫無約束的弱點，毀的是他們所愛的人；
他們的恨是一種劇烈而魯莽的衝動，毀的是他們自己。

即使具有最寶貴的品格，
想要受到他人尊敬或希望看起來值得他人尊敬，
還必須擺出某些端莊的舉止。

不誠不正，你就沒有人格，
不會吸引我或千百個像我一樣的人去理睬你。

信任就像一根細絲，弄斷了它，
就很難再把兩頭接回原狀。
對我們每一個人而言，不管處於生命的哪個階段，
你能擁有的最偉大物質就是誠實。

最擅於偷時間的就是「遲疑」；
它還會偷去你口袋中的金錢。

你要想得快一些，行動得快一些。

明快的決定和草率的決定絕不相同。
對於前者，你得盡快得到的必要的資訊，
以協助你做出決定。

生存不是人的終極目的！若希望成為能幹而快樂的人，
就要充分發揮自己的能力。

隨時匯集手邊任何可得的資訊，把它裝進自己的腦中。
隨著時間的進程，消化、沉澱這些想法，
直到答案從你清晰的思慮中跳出，
問題也就迎刃而解了。

善於有效地利用財富的人很少。
更讓人惋惜的是，懂得該如何利用時間的人更少。
善於利用時間要比善於利用財富更重要。
這應該是一個不用多加說明的常識。

一個人在年幼時代，
總覺得自己擁有非常充裕的時間，怎麼浪費也用不完。
可是，世上絕沒有免費的午餐，
等你將來某一天覺得時間是如此寶貴之時，
就悔之晚矣。

對財富的消耗，由於它是一種有形之物，
還能引起我們的警覺。
但時間無影無蹤，如果你不時時提醒自己，
它會消逝得更快，而且根本不會引起你的警覺。

切莫為一便士而笑。
為一便士而笑的人，就會為一便士而哭。

千萬不要把「空閒的時間」變成「空白的時間」

能有效地利用那些不是很整塊的時間，
才能真正做到節省時間。
而且，這樣也可以使你覺得在這段空檔裏，
不會非常無聊。

與其呆呆地不知該做什麼好，不如效法他人的作為。

一個人如果連片斷時間都能有效地利用，
他對時間就一定能更好地把握了。
如果認為片斷時間沒有什麼用處，而輕易浪費，
那麼事後想要再將它們追回來就非常困難了。
所以一分一秒都得有意義地利用。

與其什麼事都不做，
倒不如想出一個可以使自己更愉快的生活方式。
重視時間的利用方法並不僅限於讀書，
遊樂有時候也很有必要，而且很重要。
人類經由遊樂而成長，成為一個獨立的人。
教導人如何去除掉矯揉造作的神態，
都是在遊樂中學會的，
所以即使在遊樂的時候也不能心不在焉，
應該集中精神去遊樂。

友誼是一種生長緩慢的植物，
只有嫁接在互相熟識、敬愛的枝幹上才會枝繁葉茂。

雖然表現的方式和習慣有所不同，
人的本性其實都一樣。

如果你能十分有意義地利用好這段時間，
把這段時間的所得積蓄起來，到了將來，
這些積蓄將會生出很多利息，讓你得到豐厚的回報。

儘管每個人都會說：
「要珍惜時間！」然而，在我所見的人當中，
真正瞭解如何「珍惜」時間的人並不多，

最後真正做到這一點的人就更少了。

光是瞭解甚至熟練地背誦有關時間的
格言與訓誡仍然不夠，你如果不能身體力行，
就無法真正知道時間的價值，
更無從談及你已瞭解利用時間的法則了。

要衡量一個人對時間的重要性知道多少，
只需觀察他利用時間的方法就足夠了。
而一個人對時間的重要性知道的多少，
正關係著他未來的人生走勢。
一個知道時間之重要性的人
和一個視時間如糞土的人相比，
兩者的人生差異必將有天壤之別。

人都有自尊心，在希望得到別人幫助時，
先要滿足那個人的自尊心。
當你希望獲得某人的幫助時，
應該先與這個人進行一段時間的交往，
取得他的信任。
這樣就能更有希望得到他的幫助並獲得成功。

每個人嘴上都談到時間的價值，

但只有很少的人在行動上珍惜時間。

切勿將今日能做之事，推延到明日。

不要出於錯誤的經濟打算，
因價格便宜而買下你所不要的東西；
也不要出於愚蠢的虛榮心理，因價格昂貴而買下它。

世人的本性都一樣，
但教育和習慣使它們的表現形式不盡相同。
因此，我們必須隔著各種外衣，對它們加以認識。

勉強去幫助人，還不如客氣地加以拒絕。

忠告很少受到歡迎；
最需要忠告的人，也總是最不喜歡忠告的人。

如果你要取悅他人，
你必須以他們的方式去取悅他們；
既然你無法使他們成為應有的樣子，
你就只能接受他們現有的樣子。
大多數藝術需要長期的學習和應用；
但最重要的一門藝術——取悅於人的藝術，

只要有這種願望就行。

若想釣取別人對你的讚揚，謙遜是惟一穩當的釣餌。

用你所在的這個人群的語言去講話，
只用這種語言，不要夾雜任何別的。

別把一切都告訴人家，但也決不要說謊……
你也許已注意到，最愚昧者最愛撒謊。

事事皆能的人絕無僅有，一事不會的人也純屬罕見。

年輕人慣於認為自己十分聰明，
就像醉鬼慣於認為自己十分清醒一樣。

嗜賭成癮的人必然不是丟失錢財，就是丟失人格。

我們的自愛在我們與自身的缺點之間，
遮上了一道厚厚的簾子。

一個人應該總是考慮他正在做的事。

為人類指引方向的應該是理性。

但情欲和軟弱往往取代理性，篡奪了它的統治權。

談說今人，不應懷著藐視；
談說古人，不應盲目崇拜。
評價他們，均應以其價值為依據，
而不應只看年代的長短。

人們寧願將自己的弱點和不完美之處隱藏起來，
而不願讓他人瞭解自己的醜行。

偉大的才能和偉大的品德——假使你擁有它們——
將使你獲得人們的尊敬是讚美，
但只有較小的才能和較普通的美德
才會使你獲得他們的愛戴和喜歡。

所謂「以禮待人」，
即用你喜歡他人對待你的方式對待他人。

如果一個人對什麼事物都一知半解，
就等於完全無知。

有種毫不做作的良好教養，每個人都能感覺到它；
但只有那些天性善良者實踐它。

虛榮心對於每個人來說，都非常醜惡和討厭，
因為每個人都毫無例外地具有它，
而且，虛榮心永遠不會彼此喜歡。

年輕人引導年輕人，
猶如瞎子給盲人領路，兩個人都可能會跌進水溝。

所謂良好的教養……它們在幾乎所有國家，
乃至於每個地區，都不盡相同；
每一個明辨事理的人都會模仿他所在之地的良好教養，
並與之看齊。

若想得到贊許，惟一的辦法就是謙虛。

對自己評價過低，確實也得不到世人的好評。

疾病是加在悲慘人生的賦稅，
有的人多納，有的人少納，但每個人都要繳交。

注重其內容而不注意其外表，
這是智者與書本的正確關係。

金錢不能買來清明的良知。

當一個人擁有一筆莫大的財產，

他會不知不覺大手大腳地消費。

等到有一天，

當他發覺這筆財產已被耗費得所剩無幾時，

想要再珍惜它，可惜為時已晚，難以挽救了！

懶惰不過是蠢人的避難所，愚者的休息室。

掙了錢卻不知道節省的人，只能勞累終生。

成就是快樂的基礎。

但要做個有成就的人，必須知道自己想成就的是什麼？

否則就會像在太平洋中駕船卻沒有指南針一樣，

隨風飄蕩，虛擲一生，哪兒也去不成。

成就並不是做做夢就能獲致。

定下目標只是第一步。

第二步與第一步同樣重要，

就是定出如何達成目標的計畫。

這計畫必須謹慎構築；有力地執行，以取得成果。

這聽起來像是老生常談，不過，令人驚訝的是，

世上只有很少的人能認清：

為自己制定目標及執行計畫，

是惟一能超越他人的可行途徑。

與其為失敗犯愁，不如仔細研究它們，
然後再試一下，直到做對為止。

在事業上，並不需要所謂變戲法的能力或特殊才能，
只要能夠區別勤勉和順序，
就能夠比那些只有才能但不懂秩序的人，
將份內的工作進行得更為順利。

如果你正要邁出跨入社會的第一步，
應該盡快養成有條不紊的習慣。
決定好工作順序後，
每一件事就都能按部就班地進行，
這是提高工作效率的最好方法。
能力再強的人，如果沒有訂出工作順序，
就開始埋首於工作，勢必會把工作弄得一團糟，
連原有的能力也無從發揮。

知識可以產生力量，成就能放出光彩。
有些人去體會知識的力量，
更多的人卻只去觀察成就的光彩。

在讀書上認真刻苦，你才能找到遠離世俗的樂趣，

而且這習慣可使你受益一生。

能在年輕時儲存一定程度的知識是一件很好的事。

不過，這並不意味著遊樂就是浪費時間。

遊樂可以使人生豐富多彩，

可以滿足年輕人的喜好，

進而增強他們的求知欲，體驗人生很重要的一面。

正是由於你曾經盡情遊樂過，知道遊樂是什麼，

對過去就不致感到遺憾。

同時，由於有了遊樂的經歷，

你也就比別人更能理解工作的意義。

對於無可爭辯的美女或無可爭辯的醜女，

最好奉承她們的智力；

而對那些相貌平常的女人，最好奉承她們的美貌，

因為每個不是絕對醜的女人都可能認為自己楚楚動人。

當我們步入晚年，

知識將是我們舒適而必要的隱退之去處。

如果我們年輕時不去栽種知識之樹，

到老去時就沒有乘涼的地方了。

把你的學問，像你的懷錶一樣，放入口袋，

不要拿出來打響，以炫耀自己擁有它。

學問是通過讀書而取得；
但是，更重要的學問——瞭解世界；
只有通過研究人，
研究所有不同類別的人，才能獲得。

最簡明易懂的書通常是最好的書；
因為任何作者的語言若是晦澀難懂，
他的思路肯定也是不清晰的。
格言式的表情和陳詞濫調只是庸俗之輩的華麗詞藻⋯⋯
現代人決不可乞助於格言和庸俗的諺語。

文體是思想的服裝；
如果你的文體醜陋、粗糙和俗氣，
那麼不管你的思想怎麼正確，
也還是會遭到不利的看待。

知識必需禮貌裝飾，撫平它在世間的道路。
沒有它們，知識就像一顆碩大而粗糙的礦石，
為了好奇與它實質上的價值而把它收置在櫥裏固然好，
但琢磨之後更為珍貴。

國家圖書館出版品預行編目資料

一位父親勝過一百個老師，切斯特菲爾德 著 -- 宮智美 編譯，
初版 -- 新北市：新視野 New Vision, 2019.05
　　冊；　公分（實用經典 6）
　　ISBN　978-986-97036-6-6（平裝）
1.家訓　2.生活指導

193　　　　　　　　　　　　　　　　　　　　　　　108002762

實用經典 06
一位父親勝過一百個老師

作　　　者　切斯特菲爾德
編　　　譯　宮智美
出　　　版　新視野 New Vision
製　　　作　新潮社文化事業有限公司
　　　　　　電話：(02) 8666-5711
　　　　　　傳真：(02) 8666-5833
　　　　　　E-mail：service@xcsbook.com.tw

印前作業　菩薩蠻有限公司
印前作業　福霖印刷有限公司

總 經 銷　聯合發行股份有限公司
　　　　　新北市新店區寶橋路 235 巷 6 弄 6 號 2F
　　　　　電話 02-2917-8022
　　　　　傳真 02-2915-6275

初　　　版　2019 年 05 月